국립부산기계공업고등학교 동문 문집

곰솔문학회

회　　장 : 공광규
사무국장 : 여승익
편집국장 : 최석균

곰솔
국립부산기계공업고등학교 동문 문집

초판인쇄　2018년 10월 1일
초판발행　2018년 10월 9일

발 행 인　공광규
곰솔제호　學山 곽정우 (기계과 8회)

펴 낸 이　김리아
펴 낸 곳　불휘미디어
등록번호　제567-2011-000009호
주　　소　경상남도 창원시 마산합포구 오동동10길 87
전　　화　(055) 244-2067
팩　　스　(055) 248-8133
전자우편　2442067@hanmail.net

값　　　15,000 원

ISBN　979-11-88905-10-2　　03810

* 잘못된 책은 바꾸어 드립니다.

곰솔

곰솔문학회

김의현	공광규	배재록	이일권	최석균
곽병희	권기옥	정원석	김동석	여승익
김종연	김규동	조양상	김선암	이광두
안병선	박 철	조충호	심재권	

발간사

두 번째 동문 문집을 내며

지난 2015년 10회 동창생 열 명이 모여 문집 『해운대』를 낸 후 발흥하여, 문학에 관심이 있는 고교 동문 선후배들이 모여 '곰솔' 동인을 만들었습니다. '곰솔' 동인은 지난해에 이어 2번째 문집을 내게 되었습니다. 고교를 졸업한 후 수십 년이 지나, 인생의 뒤안길에서 문학을 좋아하는 선후배들이 모여 우정을 시작한 것입니다.

다른 곳에도 썼지만 『논어』에 시는 감정을 일으키고, 사물이나 사건을 자세히 살피게 하고, 모여서 놀게 하고, 원망하게 하며, 대내외 인간관계를 잘하게 하고, 짐승과 풀과 나무의 이름을 많이 알게 한다고 하였습니다. 그러니 전인적 인간이 되려면 시를 배워야 하고, 당연히 인문학은 시 공부부터 시작해야 하는 이유입니다.

그래서 공자는 제자들에게 시를 열심히 가르쳤고, 그 제자들은 시를 배워 먹고사는 것에서부터 사회에 나가 정치 외교 등 여러 가지 역할을 잘하였던 것입니다. 유독 우리 동문들이 문인이 많은 것은 졸업 후 사회에 나가 여러 가지 역할을 잘하고 있는 것과도 관련이 되는 것 같습니다. 인문적 교양이 사업을 번창하게 하는데 도움이 된다는 생각입니다.

이번 문집에는 19명의 동문과 2명의 동문 가족, 백일장에서 입상한 후배 5명이 참여하는 새로운 기쁨이 있습니다. 이 문집은 사소한 것 같지만 위대한 기록이고 역사입니다. 후대는 여기에 기록된 것을 기억할 것입니다. 옛사람의 말처럼 여기 참여한 모든 분들 시서를 많이 읽고 써서 운명이 아름다워지길 바랍니다.

2018년 9월
국립부산기계공업고등학교 곰솔문학회 회장 공광규

차례

04 두 번째 동문 문집을 내며

제1부 시

김의현
16 봄
18 목련화
19 해금강 자장가
20 가을
21 위대한 자연

곽병희
22 접촉사고
23 다대포의 말씀
24 감자탕 동창회
25 베이비부머 35
27 베이비부머 18

김종연
29 바람과 새
31 장미가 필 때까지
33 공존
35 폭설
37 폭포 앞에서

안병선
39 확인하다
40 러시아워
41 노티
42 달빛건조
44 사람
45 하나여라

공광규
47 파주에게
49 꽃잎 한 장
50 가을이 왔다
51 빨간 내복
52 나쁜 짓들의 목록

곰솔 제호 | 學山 곽정우
기계과 8회 졸업
서예가, 개인전 10회 개최
부산대, 창원대 외래교수
대한민국 서예대전 초대작가
한국 현대문인화 서예협회 이사장

제1부 시

김규동
- 53 요양원
- 54 인심
- 55 의衣
- 56 식食
- 57 주住

박 철
- 58 홀로 부르는 노래
- 60 섬
- 61 통화
- 63 안仁
- 64 산山

정원석
- 65 내 안의 너
- 67 떠난 후에
- 69 봄날에
- 71 불이不二
- 73 해오름

조양상
- 75 자작나무 숲에 들다
- 77 서이말 등대
- 79 무량사 종소리
- 81 이수도 편지
- 83 여차 손대도를 아세요

조충호
- 85 내 삶의 단상
- 87 엄마라는 이름
- 88 내 마음 자연 같아라
- 89 내 삶이 그린 가을 풍경
- 90 봄이 그린 산수화

이일권
- 91 타워 크레인
- 93 쌍둥이
- 95 들깨의 춤
- 97 마늘 까는 날
- 99 바지랑대

제1부 시

김동석
- 100 봄바람
- 101 나목
- 102 장미 정원
- 103 인생꽃
- 105 사색

김선암
- 106 단풍
- 107 내장산
- 108 억새
- 109 불효자
- 110 당신이라는 꽃

심재권
- 111 꽃구경
- 113 대설부待雪賦
- 114 목련 피다
- 116 다시 봄
- 118 개옻나무
- 119 소통
- 120 염낭거미

최석균
- 121 안민동
- 123 정체
- 125 마산 아구 골목
- 126 안민동 이웃
- 127 안민고개 데크로드

여승익
- 128 사내 아이
- 129 연지못 풍경
- 131 책 속으로 들어간다
- 132 봄꽃
- 133 내 마음의 꽃

이광두
- 134 시든 꽃을 바라보며
- 135 겨울나무
- 136 희망
- 137 사월을 팔다
- 138 민들레

제2부 수필　배재록　140 천주산 진달래
　　　　　　　　　　146 조국 근대화의 기수

제3부 소설　권기옥　152 종착역

제4부 가족 문단

　시 · 박상수(10회 이상문 부인)
　170 벌새와 나
　172 각시붓꽃
　173 오월의 소리 2
　174 어머니의 은비녀

　수필 · 이옥순(9회 신세용 부인)
　176 가자미 발라 먹는 법
　179 단감과 떫은감

제5부 2018 부산기계공업고등학교 교내 백일장 입상작

　184 시 부문 대상　3학년 15반 **황교민**_ 달
　185 시 부문 금상　2학년 6반 **김한별** _ 떠나는 새에게
　186 시 부문 은상　3학년 7반 **조우의** _ 가족, 어느 아침
　187 수필 부문 금상　2학년 14반 **유상민** 내 가족, 내 엄마 아빠
　191 수필 부문 은상　3학년 12반 **박승규** 박승열의 17년

곰솔의 발자취
– 해운대 〈글로리콘도〉 창립식 및 출판기념회(2017. 4. 8)

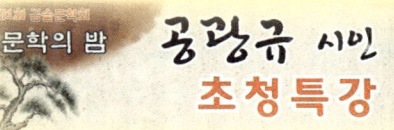

– 거제 〈도로시 카페〉에서 (2017. 7. 8)

곰솔의 발자취
- 경남문학관에서(2018. 6. 12)

제1부

시

시

경북 봉화 출생
기계과 8회
전 대우중공업 근무
현 동현산업기계 대표
《생활시문학회》 회원

김의현

봄 외 4편

차디찬 삭풍 식어버린 햇살
산천은 마비되어 침묵이 흐른다

긴 밤이 지나고 이른 새벽
베란다 창틀 사이로
미동이 찾아 왔다

먼 하늘 구름이
초록 바다엔 파도가
실바람에 일렁이네

낮 햇살에 바위는 땀을 훔치고
계곡은 갈증을 풀어
낙엽 덮인 도랑으로 물꼬를 튼다

생기 돋는 계절

연초록 움이 트고 꿈이 솟는다
내일이면 텃밭에 홍매화가 배시시 웃겠네

목련화

애처롭구나
벌거벗은 자태
봄비 내려 씻어 주고
햇살은 사랑으로 안아 주었다

하늘이 내린 순백의 사랑꽃
여인의 향기 어디에 감추고
하얀 미소만 띄우는가

사랑 찾는 벌 나비
맴돌다 지쳐 버렸네

향기 없는 순백의 자태
벌 나비 사랑도 아직은 그리움
홀로 피고 지는 봄날의 멍울꽃

해금강 자장가

신비한 조각배
괴암 절벽 이루어
바다 위에 떠 있는
아방궁

해와 달 보듬은 백사장엔
알알이 별들의 사랑 이야기
파도꽃이 다듬은 몽돌의 교향악

심해는 걸음을 멈추고
그만 마법에 걸려
억겁의 고해가 물거품 되네

마르지 않는 강
끊이지 않는 해조곡
시인의 사랑 이야기

파도야 바람아 멈추어 다오
해금강은 말없이 오늘도 잠들게 하네

가을

찬이슬 머금은 들길
잔잔한 바람이 마중 나간다

코스모스 들국화 이름 모를 들풀
지난밤 열대야로 잠을 설쳤나 봐

바람이 흔들어도
하늘 향한 그리운 초록 꿈
새털 이불에 잠들고 싶어라

바람이 살금살금
코스모스에게 다가와
가을을 속삭이니

들국화 들풀도
입에 문 은구슬 금구슬을
헤아리다가 그만 떨궈 버렸네

꽃잠 들고 싶은 서늘한 계절

위대한 자연

낙동강 칠백 리 머나먼 여정
긴 세월 강물의 투정 모두
끈기와 인내로 받아 주었네

봄 나루터에 벌 나비
꽃노래 싣고
여름날엔 장마 홍수로
슬픈 사연 담고
가을이면 단풍 국화놀이를
겨울 오면 길목이 막힌
엄동설한의 고통 엮어

모래 한 알 한 알
수많은 사랑 이야기와
희로애락 구구절절
세상사로 차곡차곡

백년세월 울타리섬* 되어
사랑 머금은 생명의 숲 이루었네

*울타리섬(낙동강 하구의 모래섬/삼각주)

시

곽병희

경남 창녕 출생
기계과 9회 졸업
2003년 《한국문인》 등단, 시집 『베이비부머의 노래』
《한국문인협회》 회원, 전 《진해문인협회장》
《경남문협 이사》, 《진해문협 이사》, 《경남시인협회 이사》

접촉 사고 외4편

가득찬 저수지에
풍덩-
돌덩이 하나가 던져 가네

오,
번쩍 정신 차린 저수지
급히 경기를 일으키네

연한 물의 속살이
바닥까지
근육으로 다져져 가면서
몸을 추스르네

나태의 물,
안일의 물이 넘쳐 가네

다대포의 말씀

이제는 여정이 다했다 했는데
숨차던 달림의 끝에서
또다시 기다리는 이 있네
굽이굽이 낙동강 일천삼백 리
돌고 돌아 합치고 내달렸다고
종점이 아니라는구나
얼마간 바다의 만류에 부딪혀
기다랗게 쌓아 놓은 모래의
쭉 뻗은 두 다리의 휴식을 건너서
그 시간 위로 불어오는
소금기 바람을 맛보란다
사나운 파도에 가슴도 적셔가며
큰 바다의 품에서 함께 놀
고기들도 상상하란다

감자탕 동창회

경상도, 전라도, 충청도
조선소, 자동차, 항공사 밥벌이들을
감자탕이 당겨 모은다

때로 찌지고 볶지만
더운 감자탕 소주 한잔으로 풀어 가며
학연(學緣)의 울타리를 가꾸어 주네

덕지덕지 살점 묻은 돼지 갈비뼈라도
내동댕이칠 수 없다 하네
못생겼지만
둥글둥글 감자의 원만과 어울리면
새 맛이 우렁우렁 솟아나는 감자탕처럼

오늘 동창회
엉기성기 어울려 가네
얼큰하고 구수하게 우러난
감자탕집 동창회 조미료의 맛 속에서

베이비부머 35
-지게차

팔레트에 고봉 높이 쌓아올려
한 번에 번쩍 짊어지는 순간
끄-응--
무거운 지게를 일으키던
상기된 얼굴이 떠오릅니다

돌-돌-돌- 굴러가
한 켠에 무거움을 옮겨 내면
휘청휘청 가득 한 짐 지어,
떨며 가던 다리가 보입니다

조금의 낯선 소리를 만나
수리소로 가던 날에는
병원 하나 주위에 덩실 없던
당황과 곤궁이 스쳐갑니다

하루가 저문 창고 한 켠에
우두커니 앉으면

막걸리 한 잔으로
힘겨움을 달래느라 지쳐버린
아-

끝내 감당 못한 아버지의 몸뚱이에
눈언저리가 젖어옵니다

베이비부머 18
-뻐꾸기 울음

뻐꾹- 뻐꾹-
전기밥솥 속에
50대 중년의 그 남자는
뻐꾸기를 숨겨 두었다

뻐꾸기를 불러내면서
하루 3번
그 고개를 다시 떠올리게 한다

허기진 배를
보리떡이나 송기떡으로 채워 넘던
그 보릿고개

넘쳐나는 쌀이라지만
외면하면
다시 그 고개를 넘어야 한다고
그의 주의는 늘 강박적이다

공단을 지나
국도 주변까지 포진한 공장들이
곳곳에 곳곳에
아무리 예쁜 그림을 그리고 있을지라도

잊지 말라고 뻐꾹-
잊지 말라고 뻐꾹- 뻐꾹-

시

김종연 경북 경주시 감포 출생
기계과 9회 졸업
《곰솔문학회》 회원

바람과 새 외4편

재잘거리는 새와
보이지 않는 바람은
한패거리다

바람은 새를 날리며
날개 밑에 숨는다
숨어서 웃는다

새가 날아오르면
덩달아 흥이 올라
바람이 먼저 춤을 춘다

바람이라는 사실보다도
새가 하늘을 점령하고 있다는 것이
더 짜릿하다

새소리가 들리지 않을 때에는

바람은 소리 내어 울기도 한다

전봇대를 껴안고
혼자서 통곡한다

봄이 되면 들판 구석마다 은밀히
새와 바람이 패거리를 꿈꾼다
목청이 큰 새의 뒤에는
늘 바람이 있다

장미가 필 때까지

그리운 사람을
기다리는 시간은
이처럼 나날이
가슴이 떨리는데

눈부시게 아름다운
장미꽃이 피기를 기다리는
긴긴 봄날에 장미 넝쿨은
얼마나 떨어야 하는 걸까

기다리다 기다리다
나날이 키만 자라고
하소연하지 못한 가슴엔
이파리만 피어나는데

꽃샘추위에 떨다가
봄바람에 떨다가
그리움에 떨다가

이제는 소름 돋듯이
가시가 돋아나는데

장미꽃을 기다리는
기나긴 봄날은
날마다 날마다
소름이 돋도록
가슴이 떨리는데

공존

부처님을 믿지 않는 것은
죄가 아닙니다
그러나
부처님의 자비를
평생 한 번도
생각하지 않고 살아가는 건
유죄입니다

하느님을 믿지 않는 것은
죄가 아닙니다
그러나
하느님의 사랑을
평생 한 번도
생각하지 않고 살아가는 건
유죄입니다

같이 잘 살아보자고
사람들이 모여서 마을을 만들고

서로 나누자고 했는데
누구에게는 그것이 행복이 되고
누구에게는 그것이 고통이 됩니다

내가 가진 웃음 중에
그들의 몫은 없는지
내가 버린 마음 중에
그들의 아픔은 없는지

큰 사랑은 베푸는 것이 아니라
누군가의 몫을 돌려주는 것은 아닐까
큰 자비는 덤이 아니라
누군가의 아픔 앞에 고해하는 것은 아닐까

폭설

소리 없이
느낌 없이
무차별적으로
조금씩 아주 조금씩
압력을 가하는
하얀 폭력이다

얼굴도 없이
이름도 없이
하얗게 하얗게
의지 없이 밀려오는
무리들이다

무너지고
넘어지고
짓밟혀도
시작된 집행은
좀처럼 멈추지 않는다

억울하다고
부당하다고
말하고 싶어도

어딘가 마땅히
하소연할 곳도 없다

하얗게
깨끗하게
아무런 생각 없이
몸만 던지고 묻혀 버리는
무기력한 폭력의 깃털이다

폭포 앞에서

어떡해야 할까요?
사랑하는 사람이
생겼습니다

폭포처럼
내 마음이 한꺼번에
그 사람에게로
떨어지고 있습니다

망설일 시간도 없고
주체할 수도 없이
속수무책으로
무너지고 맙니다

몸을 가눌 수도 없고
정신을 차릴 수도 없이
사랑의 중력으로
빨려들고 있습니다

너무 갑작스러워
그 사람 얼굴도
그 사람 마음도

똑바로 볼 수가 없네요

소용돌이치는
그 가슴에 떨어져
한동안 혼미해져
맴돌고 있네요

어떡해야 할까요?
난생처음으로
사랑하는 사람이
생겼습니다

시

안병선

전남 여수 출생
배관과 9회 졸업
《전남문인협회》 회원, 《여수문인협회》 회원
《문학춘추 작가회》 회원
《여문돌》 동인

확인하다 외 5편

거울 저쪽은 캄캄하고 깊었다
내 시선이 서늘하게 깊은 허공을 내리달아
나와 연결된 끈의 저쪽 끄트머리를 찾아 배회했다
'밤에 거울 보면 곰보 색시 얻는단다'
거울을 들여다보는 아들에게 어머니는 말씀하셨다
그 후로 밤에는 거울 볼 엄두도 내지 못했는데
장가들 나이가 되자 어머니 말씀이 생각나
젊은 여자를 볼 때마다 곰보 자국이 있나 없나
살피는 것이었다
거울 속 미로를 돌고 돌아 나온 끈의 이쪽과 저쪽이 묶이고
한동안, 묶인 끈이 다른 끈의 끝인 것만 같았는데
어느 날,
잠자는 아내의 이마에 곰보 하나 있는 걸 발견했다
오래전, 거울을 통과한 내 시선이 거기 박혀 있었다

러시아워

출근길,
발 디딜 틈 없는 지하철
꽉 찬 시루에 올라타려
역마다 콩나물 한 움큼씩
기다리고 있다
날마다 전쟁 치르듯
비집고 탔던 베이비붐 세대들
이제는 퇴근길이다
장례라는 지하철을 타야 한다
러시아워를 피해
남보다 일찍 타거나
늦게 타야 하는데
눈치 빠른 동창생 녀석
어제 아침,
새치기해 타고 가버렸다

노티

어느 시인이 몸통 굵은 고목을 보고
나이깨나 드셨겠다 싶어
넙죽 인사를 했다지
제주도 여행 중에 몸통 굵은
삼나무 방풍림을 만났다
이 나무도 나이깨나 드셨겠다 싶어
나도 꾸벅, 머리 숙여 인사를 했다
옆에 있던 제주 친구 낄낄거리며 말하길
자기가 중학교 때 묘목을 심은 거라 했다
이렇게 노티난 나무를 봤나
하긴, 나도 스무 살 시절에
친구들이 형님이라 했으니
나무인들 노티나는 나무가 없겠는가
임하룡도 지금이 고등학생 때보다
젊어 보인다는데
젊어서 노티나면
나이 들어 매력 있게 된다고
민망한 나무를 위로해주고 왔다

달빛 건조

달빛은
손수건 한 장 못 말리지만
젖은 마음은 고실고실 말리지예
이 말을 남기고 그녀는 돌아섰고

나는
달맞이꽃은 앞섶 열고 평생 말려도
왜 촉촉한 것이냐며
꼬리를 달았는데

축축했던 한 길 내 속이
바닥까지 내려온 한 타래 달빛에
보송보송 말랐는데

그녀는
꼬들꼬들 잘 말랐을까
달맞이꽃처럼 촉촉할까

보름달이 수백 번 떴다 지고

어느 길모퉁이에서 우연히
작은 회오리처럼 눈길이 뒤엉켰을 때

그녀도 나도 잠깐 촉촉이 젖었다

아직 달빛이 더 필요한지
묻지 않았다

사람

옛날 옛적,
하와가 들여온 죄를 잘라낸다
신을 거역하는 거짓된 혀를 뽑아내고
죄를 범한 눈깔을 빼내고
악한 생각이 가득한 머리를
모가지에서 잘라버리고
죄를 만지작거리는 손을 잘라내고
발정난 성기를 잘라내고
어둠을 찾아가는 다리를 잘라낸다
다 잘라내고
울컥울컥 피 토하는 심장만 남는다
사랑만 남는다
이제야 비로소 신의 뜻대로 되려는데
뱀이 과실을 먹으라 꼬드긴다
잘라낸 것들이 스멀스멀 다시 자라나고
내가 또 받아먹는다

하나여라
-국립부산기계공고 총동문 등반대회 축시

대한민국 각지에서
스스로 바퀴 되어 돌다 온
국립부산기계공고 동문이여!
오늘 우리는 한몸이어라

부상扶桑을 바라보며
꿈을 키우던 교정에 모여 산을 오르는
해송처럼 푸른 동문이여!
오늘 우리는 한마음이어라

조국 근대화의 기수로
산업 문화 교육 정치에서
동맥처럼 돌다가, 돌다가
심장으로 돌아온 피처럼
모교에 모였나니
모교는 우리의 심장
오늘 우리는 한핏줄이어라

운동장 가에 손가락 같던 나무들이
아름드리 기둥이 되었듯
生의 등반길에서, 각자의 자리에서
기둥이 되고 대들보가 되고

하다못해 서까래라도 된 우리는 BMTHS
하나의 집이어라

강이 있어 우리가 건넜듯이
산이 있어 올라가는
부산기공인이여!
노랑 빨강 파랑 배지의 연결이 기쁨이 되는
우리는 한 줄 사슬이어라

주름 너머 여드름투성이가 보이는
오래된 친구여!
새소리처럼 경쾌하게 웃던 친구여!
손잡고 걸어보자
정상까지 한뜻으로 올라보자

2018년 4월 어느 날
BMTHS 깃발 아래
우리는 하나여라

시

공광규

서울 출생, 충남 청양 성장
기계과 10회 졸업생
1986년 월간 《동서문학》 등단. 시집 「소주병」 「담장을 허물다」
「파주에게」 등. 산문집 「맑은 슬픔」
윤동주문학 대상, 신석정문학상 수상

파주에게 외 4편

파주, 너를 생각하니까
임진강변 군대간 아들 면회하고 오던 길이 생각나는군
논바닥에서 모이를 줍던 철새들이 일제히 날아올라
나를 비웃듯 철책선을 훌쩍 넘어가 버리던
그러더니 나를 놀리듯 철책선을 훌쩍 넘어오던 새떼들이

새떼들은 파주에서 일산도 와보고 개성도 가보겠지
거기만 가겠어
전라도 경상도를 거쳐 일본과 지나반도까지 가겠지
거기만 가겠어
황해도 평안도를 거쳐 중국과 러시아를 거쳐 유럽도 가겠지

그러면서 비웃겠지 놀리겠지
저 한심한 바보들
자기 국토에 수십 년 가시 철책을 두르고 있는 바보들
얼마나 아픈지

자기 허리에 가시 철책을 두르고 있어 보라지

이러면서 새떼들은 세계만방에 소문내겠지
한반도에는 바보 정말 바보들이 모여 산다고

파주, 너를 생각하니까
철책선 주변 들판에 철새들이 유난히 많은 이유를 알겠군
자유를 보여주려는 단군할아버지의 기획이 아닐까
하는 생각이 자꾸 드는군

꽃잎 한 장

꽃잎 한 장 수면에 떨어져
작은 파문이 일고 있다

파문이 물별을 만들고 있다

꽃잎이 없다면
파문이 없다면

아름다운 물별을 볼 수 없을 것이다

꽃잎 한 장 받는 것은
가슴에 파문이 이는 일

몸에 물별이 뜨는 일

가을이 왔다

메뚜기가 햇살을 이고 와서
감나무 잎에 부려 놓았다

귀뚜라미가 악기를 지고 와서
뽕나무 아래서 연주한다

여치가 달을 안고 와서
백양나무 가지에 걸어 놓았다

방아깨비가 강아지풀 숲에 와서
풀씨 방아를 찧고 있다

가을을 이고 지고 안고 찧고 까불며 오느라
곤충들 뒷다리가 가을밤만큼 길어졌다

빨간 내복

강화 오일장 속옷 매장에서
빨간 내복 팔고 있소

빨간 내복 사고 싶어도
엄마가 없어 못 산다오

엄마를 닮은
늙어가는 누나도 없다오

나는 혼자라
혼자 풀빵을 먹고 있다오

빨간 내복 입던
엄마 생각하다 목이 멘다오

나쁜 짓들의 목록

길을 가다 개미를 밟은 일
나비가 되려고 나무를 향해 기어가던 애벌레를 밟아 몸을 터지게 한 일
풀잎을 꺾은 일
꽃을 딴 일
돌멩이를 함부로 옮긴 일
도랑을 막아 물길을 틀어버린 일
나뭇가지가 악수를 청하는 것인 줄도 모르고 피해서 다닌 일
날아가는 새의 깃털을 세지 못한 일
그늘을 공짜로 사용한 일
곤충들의 행동을 무시한 일
풀잎 문장을 읽지 못한 일
꽃의 마음을 모른 일
돌과 같이 뒹굴며 놀지 못한 일
나뭇가지에 앉은 눈이 겨울꽃인 줄도 모르고 함부로 털어버린 일
물의 속도와 새의 방향과 그늘의 평수를 계산하지 못한 일
그중에 가장 나쁜 짓은
저들의 이름을 시에 함부로 도용한 일
사람의 일에 사용한 일

시

김규동

1960년 강원도 영월 출생
1979년 부산기계공고 배관과 졸업
창원기능대학, 창원대학교 대학원 졸업(문학박사)
볼보그룹코리아 근무 중(1978년~), 창원대학교 출강(2007년~)
2002년《한국문인》등단. 시집 『전어』, 『꼴갑』 저서 『박용래시 창작방법연구』

요양원 외 4편

요양이면
휴양과 치료와 조리까지

느긋하게 쉬면서 놀다 오는 곳인데

숨쉬고
들어가더니 하늘 갈 때 나온다

인심

다 안다
받지 않고 갚지 못할 거란 걸

한줌 짜준 치약과 담뱃불과 한 개피

그래도
우리는 항상 빌려 달라 그런다

의衣

입고 싶어 그런다 '꼬락서니 같잖다'

명품타령 생핀잔
돌아서면 부럽고

자랑질
할 게 없으니
못 먹는 감 찌르기

식食

다들 몰라 그런다 '고기는 돼지라고'

소고기는 질기고
맛도 없고 비싸고

촌사람
모르는 소리
좋은 고기 먹어 봐

주住

부러워서 그런다 '귀찮아라 집 청소'

공짜 줘도 큰 평수
못 살겠다 해놓고

은근히
살아 봤으면
두드리는 계산기

시

박 철

전남 진도 출생
기계과 10회 졸업
《순수문예》 신인상 수상
자유문예창작대학 교수 역임
시집 『그림자 놀이』, 『예수가 죽어가고 있다』

홀로 부르는 노래 외 4편

홀로 부르는 노래 하늘을 난다

강물에 배 띄워
노 젓는 소리
노래가 물이 되어 흘러 적신다

노래는 청정한 강물 속에 흐르고
물은 그리움 속에
노래를 가슴에 안고 흐느낀다

물이 분출하는 노래
노래 속에 피어나는 님의 음성
어둠과 빛이 갈라지고
생명의 뿌리로 탄생하는 노래

시간과 공간이 물속으로 흐르고

노래는 더 높은 곳을 향한 몸부림
너를 부르는 노래

영혼이 노래하는 피맺힌 절규

물이 흐르듯 노래도 흐르고
이중으로 소리는 흐르고
노래는 빈자리를 찾는다

내 영혼이 주를 찬양하듯

섬

내 마음에 점 하나 찍고
바다의 징검다리
사랑길 이어주는
별 하나

통화

기발한 발상
신선한 두뇌
정육점에서 갓 내놓은 한우의 머리도 아니다
뇌골 속으로
등골 속에서 신선함
날개 없는 선풍기가 날고
버튼 하나로 밥상이 차려진다
기발하다거나 신선하지 않다
公的이라는 것
價値
神仙
기준 위에 기준이 틀을 깬다
정보의 바다에서 遊泳하고
오직 한가지
모든 굶주림이 誘惑하는 곳으로
움직이는 觸手
누구도 우위를 가릴 수 없는 텅 빈 空間
숫자놀음에 인간은 바보가 되고

거리의 행진이 길면 길수록
원하는 수치는 零點
遠點에서 출발하는 꿈

눈은 하늘을 보고
입은 사탕발림
코는 향기로움을 탐하고
손에서는 戀書를 쓴다
가슴은 또 다른 空虛
내가 잡은 헨드폰 속에서 세계가 陷沒한다
나는 꼭두각시
울리는 벨에 장승박이 되어 놀아난다

인 忍

기다린다
기다린다
기다린다
수없이 말을 걸다
얼굴은 얼음
나도 이제 사람이 되어 간다

심장을 칼로 잘라
점을 찍는다

산山

앉아 있거나
서서 있거나
그 모습 그대로 산이다

그 길 따라
물은 흐른다

하늘
별
달이 덩실덩실 춤추며
품에 안고
노래한다

구름이 흘러들어
바람타고
놀고 있다

시

정원석

경남 거창 출생
전기과 10회 졸업. 공학박사
《시와 수필》 신인문학상
시집 「세월이 머무는 길목」, 「살며 사랑하며」
현 《한라이비텍》 대표

내 안의 너 외 4편

떠나간다고 나서는
뒷모습
저만치 멀어질 때까지
멀뚱히 바라보고 있지만
너는 나의 일부였다

단지
한때의 엇갈림이었을 뿐
아직도 뼛속 깊이
너를 그리며 살고 있는데
석양 지는 수면 너머로
홀연히 멀어져 간
너

한 모금 호기로
내 곁을 박차고 떠나갔지만

질긴 인연의 뿌리
가지 끝에 묶인 연실처럼

보내지 못하는 건
너는 바로
나이기 때문이다

푸른 물빛 위
바람에 가로막혀
흐려진 눈망울에도
멀리서 떠오르는 오랜 기억은
여전히 너는
내 안의 너이다

떠난 후에

그렇게
쉽게 떠나갈 줄은
미처 생각지도 못했는데
야속한 인연은
긴 기다림을 삭제해 버리며
툭 떨어지듯 떠나가고
사라진 자리
푸른 물만 흐르고 있다

아쉬움이 얽혀 있는 후회는
봇물처럼 밀려오는데
그저
무심한 강물 위에
덩그러니 홀로 남아
외로움을 삭히고 있는
아비뇽의 다리

떠난 자리에

남아 있는
잔영에 기대어 서서
버려진 고독의 그늘 아래

황망히 흔적을 좇아 보지만
목메어 불러도
대답 없는 슬픔이여

봄꽃 어우러진 강변엔
휭하니 하늬바람만 지나가고
그대
발자국조차 지워지고 없지만
눈가에 맺힌
이슬 속에 사로잡힌
뒷모습만
끊어진 다리 위를
떠돌고 있다

봄날에

봄날 햇볕은
처마 눈썹을 녹이고
들뜬 새싹이 흙을 뚫고 나오듯
한 올 한 올
그리움은 영글어
활짝 핀 꽃잎
물결 위에 살며시 내려놓아요

나풀거리는 줄기 끝에
새초롬 입술이 열리고
벅차오르는
그리움이 가득 차오르면
폭발하듯 하늘을 가득 채운
벚꽃더미
행복한 구름 위를 노닙니다

붉은 단심이 스며든
봄날의 숲길에

몽글몽글 피어오른 수줍은 이야기
안개비 흩날리듯 떨어지는
꽃잎 타고 흐르고

그대의 예쁜 얼굴은
여전히 꽃길을 걷네요

불이 不二

빈 가슴
그리움의 숲길에서
사색에 잠긴
오후의 창문을 지나
잠든 그대의 심원을 향해
풋사랑처럼 숨어든다

어둠 걷히고
질투하는 풍랑이 지나가면
세월의 그림자에 기대어 선
광야의 외톨이
기로의 어둠 걷어버리고
고요한 그대의 가슴
푸른 호수 속으로
가만히 빠져든다

전하지 못한
한마디는

기어이 말하지 못하고
숨죽여 스며든
그대의 품 속에서

나지막이 외쳐본다

그대
변함없는
영원한 사랑이라고

해오름

상념의 호수를 건너
푸념 속을 맴돌다가
한밤을 새우며 잉태한
밀알 같은 염원
하나하나 삐져나와 허공을 떠돈다

저 하늘가를 수놓으며
붙박이처럼 자리하고 앉은
천 년을 지켜갈 약조
쏟아지는 빛줄기 타고
앙금처럼 엉기며 도드라진다

무너져 버린 줄 알았던
심장의 고동 소리
소망의 언덕을 떠나지 못하고
시선의 끝 언저리에서
범종의 여운처럼
은은하게 울리고 있다

침묵의 바다를 건너
어둠을 밝히는 화톳불
하늘 가득 떠올라

정원석

수정처럼 맑은 향기 피우며
텅 빈 가슴을 채운다

시

조양상

충남 광천 출생. 기계과 10회 졸업. 경남대학교 행정대학원 졸업(행정학 석사)
사)한국백혈병소아암협회 창립, 사무총장 역임
《시와 소금》 등단 운영위원(현), 《충남시인협회》 회원, 《거제문인협회》 회원
《에세이문예》 수필 등단. 부회장(현), 《곰솔문학회》 부회장(현)
조선플랜트엔지니어링 대표, 수필집 『보람찬 옥포만』 시집 『연꽃에게』 외 다수

자작나무 숲에 들다 외 4편

곰배령 지나 한계령 가는 길
버짐 핀 나무들이 하안거 중이다
법복도 하늘도 온통 자작나무 빛깔인데
잔가지를 키운 멍자국마다
거뭇거뭇 젖은 내력들이 선들바람에 나풀댄다

문득 쏟아져 내리는 푸릇푸릇한 말씀들
묵독하라는 금강경은 초록인데
사바의 가슴 그을린 소리는
금강소나무 껍질 만큼 덕지덕지 붉었다

오래 물안개에 젖었을 비탈진 계곡은
눈물 말랑말랑한 이야기 몇 쯤은 숨어 있어서
누군가 버리고 간 백작약 흰 꽃같은,
공작꽃같은 보랏빛 이야기들이

자꾸만 뒷덜미를 채어 갈 것만 같다
곰배령 지나 한계령 가는 자작나무 숲에는

삭풍 우는 겨울의 절간만 같아서
동안거 가는 길인 것만 같아서

서이말 등대

마을 어귀 키 큰 미루나무처럼
우두커니 서 있는 날들이 늘어난다

바람에 몸 뒤척이는 나뭇잎처럼
다시 되돌려 보여 주고 싶은 기억들도
이제는 석양에 머리 묻고 싶은 거다

하루하루 매순간 내려놓아야 하는
생을 눌렀던 벽돌의 붉은 기억들은
쌓아올렸던 비뚤한 흔적까지 무너지고 싶은 거다

해져 너덜해진 지붕 끝같은 생의 마디들
아직도 닻을 내리지 못한 그때의 시간들이
낯선 포구에 기댄 바다 장승 보고 닻을 내리듯
당신 머리카락도 이제 바람에 순해지고 싶은 거다

뭍의 끝에 서서 먹줄 치고 바라만 보았던
몸 닳도록 매달리지 못했던 날들

하얀 그늘의 흰 등대를 닮은 당신은
이제 애오라지 둘레길이라도 찾았는지 알 수 없지만

가파른 공곳이 숨은 오솔길도 되지 못한 나는
오늘 당신이 가는 작은 길이라도 밝히고 싶어
예구 선착장 뱃고동을 길게 띄워 본다

무량사 종소리

나는 '홀딱벗고 새'다

만수산 땅거미가
괘불탱 휘장치지 않아도
극락전 앞마당 차지할 도량이면
금낭화처럼 사연 주머니 매달 까닭도
종꽃 마냥 부끄럼 헤아려 가릴 이유도 없는

'빡빡깎고' 암자 지어
늦으막 명혼한 시습의 양생 되어
탁란한 둥지의 의붓애비라도
'풀빵사줘' 공양하고 싶은 거다
덤으로 얹혀 살아온 날들이
당신의 무량한 울림이고 자비인 거다

종목에 매를 맞은 범종이 몸 풀면
오색딱따구리 서둘러 목탁 치고
'홀딱벗고새' 울음 공양에

무량사 종소리가 만수산을 넘어가는데

그런 날

무량사 저녁 예불에는
평생 홀러덩 벗지 못한 귀 얇은 중생들 모여
엉거주춤 엎드린 채 머리를 조아리는 것이다

이수도 편지

너무 가까이 있어
가 보지 않은 섬에서 편지를 씁니다

화살도 없는 시방 포구,
늘 시위만 당긴 나에게 그대는
한 마리 학처럼 바다에 누웠습니다
형제섬, 백사도 고래 꿈에
거들떠보지 않은 줄을 어찌 알고
매미성 저 아래 갯물이 질척입니다

물 밖이면 그대로 죽어 멸치,
업신여김당해 얻은 이름 그대가
내 뼈와 골수 채워준 육수 국물이었다고
각시섬 점쟁이 참나리들 나팔거립니다
술패랭이꽃은 우표 되겠다고 발길을 막습니다
가출한 사슴마저 부스럭, 우체부 되겠답니다

통통 불어서 쓰라릴 당신 속도

물텀벙 국물에 풀어 주고 싶은데
샛바람마저 불면 어쩔 수 없지요
먼바다 떠돌다 돌아온 대구들의 신방

우체국 없어도 인심 넉넉한 섬길 돌아
이수도에서 하룻밤 묵어야지요

사주에 물이 많아 이롭다는
그대에게 밤새워 끄적거리렵니다

여차 손대도를 아세요

사는 것이 벅차거든
여차 지나 홍포로 오세요

다 된다는 보장은 없지만
바다에 떠 있는 마을,
다대항을 천천히 돌아서 오면 더 좋아요

당신은 명사십리지만,
이끼조차 끼지 않는 망산 너덜겅
여차저차 내 변명이 더 구차했지요

갯바위 풍랑에 해져
벼랑 끝 해식애가 되어 간 당신은
저만치 주상절리, 그래도 내 방파제입니다

쥐섬, 토끼섬, 누렁섬,
기다란 뱀섬, 장사도마저 손 내밀면
닿을 듯 곁에 있어 어울림 섬

파도에 목탁 치다 염주가 될
자드락거리는 몽돌들도
병대도竝臺島 보다는 '손대도'가 더 살갑답니다

여차 지나 홍포
저물녘 석양은 아플 만큼 붉어
한려수도라기보다는 적파수도赤波水道라지요

여차저차 미루다
당신께 손대 주지 못한 날들이
동백꽃망울처럼 붉어서 그럴 거예요

시

조충호

충남 논산 출생. 배관과 10회 졸업
《서정문학》 신인상 수상 등단
한국문인협회 정회원, 문학愛작가협회 정회원
시문학창작 동인, 문학愛 공로패 수상. 철탑산업훈장 수상
현 삼풍하이테크 대표

내 삶의 단상 외 4편

바람과 달의
먼 기억을 데려다 놓은 구름 한 조각
가슴이 시키는 무표정만은
오랜 시간 여행으로 내 공간을 지배하며
늪같은 환상 속에서 허우적거린다

정지된 풍경 속에 흐르는 사연들은
조그만 들창이 있는 골방에서
내 재주가 비련하여 움트지 못하고
창틈 사이로 들어오는 빛 오름에
깊은 잠에서 깨어난다

장댓줄에 매달려 그네를 타며 마르는
어머니의 치마저고리 자색 옷고름처럼
채움보다는 비움으로 일상을 바꿔 놓고
내 삶을 열어 가는 첩첩이 쌓인 화상은

존재 이유를 부정하며 빈 잔을 채워 간다

하늘의 별들은
늘 존재했지만 존재하지 않았던 다름을 찾는
어머니의 숨결이고, 그리움이며, 사랑으로
처음 맞이했던 기억들은 멍울로 가득차
오늘의 빛 내림이 슬프다

엄마라는 이름

장미보다 고왔을 우리 엄마
우리라는 꽃을 피워내고
시들어가는 줄기까지 내어주시며
잔가지의 꽃까지 피워준 엄마

산그늘 저만큼 내려앉을 때
옹기종기 앉은 멍석 위에
이 빠진 옥수수
벌레 먹은 복숭아
반쯤 상처 난 참외를 내어놓고
하나씩 하나씩 다듬고 벗겨서
우리 손에 쥐어주시던 엄마

정작 당신은 벌레 먹은
복숭아를
참외를
괜찮다며
이것이 더 맛나다며 드시던 엄마

이제 우리가
다듬고 벗겨서
엄마 손에 쥐어 줘야 하는데
우리 어머니는 어디 계십니까?

내 마음 자연 같아라

봄 한줌을
가슴에 담고 싶어
나지막한 뒷산에 오른다

뜬금없이 몰아치는 삭풍에
겨울과 봄이 뒤섞여
꽃망울 터트린 꽃들이 안쓰럽다

서둘러 온 봄인지
겨울의 끝자락인지
혼돈의 시간이 지나가고 있다

혼탁한 이런 세상보다는
매화 향기 흩날리는
봄바람 로맨스가 정겨워진다

새싹은 추위를 이기고
꽃향기 찾아가는 꿀벌들처럼
내 마음 자연 같아라

내 삶이 그린 가을 풍경

보아라!
가을 풀꽃들의 속삭임을
갈바람 실개천따라 그리움 부르고
서정이 깃든 삶 은둔의 시간은
곰삭은 차향으로 다가온다

피할 수 없는 운명이라면
산모퉁이 쉬어가는 흰 구름에
미운사랑 고운사랑 걸어두고
바바리코트에 긴 머리 쓸어 올리며
가을 향기 품은 그댈 바라본다

비움으로 다시 채우는 들녘
풀잎에 맺힌 가을비가 스산하다
아픔과 가간의 어색은 산수화처럼
저무는 석양 바라보며
막걸리 한잔에 자유로운 삶이고 싶다

봄이 그린 산수화

봄의 교향악
따스한 햇살과 어우러져
주렁주렁 일렁이고 있다

흐드러지게 핀 홍매화
바람에 실린 향기 그윽한
봄의 향연에 설레는 하루다

동토를 비집고 봄을 깨운 들꽃들
양지바른 낮은 곳에 피어
멍울 향기 물씬 품어 주는

봄이 그린 수줍은 산수화다

시

이일권

강원도 영월 출생
기계과 12회 졸업
《마중문학/ 시산작가회》 활동, 《곰솔문학회》 활동
수필집 『우리들의 고교 이야기-해운대 추억』

타워크레인 외 4편

오르려 오르려 하늘까지 오르다
초가산간 태우고
주막에 있던 막걸리 독까지 깨고
횡포를 부리더니

소나무에 앉아 울던 소쩍새 쫓고
콩나무 타고 오르던 삼족오 쫓고
봉황에 업혀 날아왔던 희망새마저
기운이 다해 울며 하늘로

하늘 아래 꽃이 죽고
물이 마르고
흙의 색이 변하니
하늘이 놀라 크게 쿠르르르 꽝

타워크레인

놀라 아래 아래 나락에 떨어져
키 큰 소나무를 위협하던
무서운 힘 내려놓고 죽어 간다
죽음의 요령 소리 듣지 않으려

쌍둥이

술 한 잔에 파아란 하늘을 담고
빛나는 별에게서 친구를 보았다
부딪히는 술잔엔 지천명 그리움
호로사 꿈길에서 너를 보았네

하모니카 입에 물고 함께 춤추니
하늘이 웃음짓고
땅이 춤추고
통영의 바다내음 사르르사르르
가슴 한가득 들어와
지천명 가슴 속을 설레게 하네

그리움에 미쳐 널 잊지 않으려
가슴에 널 넣고
잊지 않으려 고민하고 있을 때
콩쥐 나타나 몰래
구두 한 짝만 주며 미소 짓는다
구두 한 짝 가슴에 안고 춤을 춘다

어린아이 날 보며 엘리베이터 웃음
배를 잡고 어어어 아저씨 엘리 엘리
구두가 짝짝이네 하늘도 짝짝이네

팥쥐가 내 손을 잡고 까르륵까르륵
엘리베이터 덩달아 트위스트 춘다

내 몸 속에 네가 들어왔고
네 몸 속에 내가 들어갔다
너와 난 쌍둥이
너와 나 통영에서 하나되었다

들깨의 춤

깻이파리 까불까불
아이 어른 구분 없이
한아름에 안아
난 농부가 된다

깻이파리 하나 까불까불
사랑의 마음 담은
향기로운 내음
난 고개 숙여 부끄러워
카멜레온 된다

만삭이 된 들깨 대궁
효자손으로 톡톡톡
등에 업혀 있던 아이들
엄마품에서 깨어
얘기 들으려 둘러앉는다
난 농부가 된다

키는 요술장이
위 아래 왼쪽 오른쪽
까불까불 까불까불
아이들 춤을 추며 까분다

나도 돌면서 까불까불
난 농부가 된다

마늘 까는 날

아내는 내게 마늘을 까란다
땅 속에서 태어난 다둥이 가족
우리 남매를 꼭 닮았다

난 마늘밭 속에 들어간다
오들오들 어린아이 떨고 있다
엄마의 사랑 그리며 울고 있다
덮은 이불 얇다며 투정하고 있다
개미가 찾아와 등 두드려 준다

마늘은 땅 속에서 몸 단련한다
눈이 오는 날 팔굽혀펴기한다
비 오는 날 고개 숙여 기도한다

봄 소리 쑥쑥쑥 고개 쏙 내민다
개미가 마늘 겨드랑이 간질간질
마늘은 그렇게 자라 어머니 되었다

내 손의 마늘은 죽은 어머니 아이들

아이는
땅 속에서 태어나 땅 위에서 죽는다며

서럽게 나를 보고
나는 마늘 다 깠냐는 아내의 핀잔에
허허거리며 마늘을 까고 있다

바지랑대

바지랑바지랑 어머니의 손
열세 살 어린아이 보고파
하늘에서 내려와
몸을 청결하게 씻겨 주고
살며시 손잡아 준다

바지랑바지랑 아버지의 손
세상을 바르게 살려면
마음 깨끗해야 한다며
천천히 손잡아 준다

바지랑바지랑 마이다스의 손
접산아이처럼
바른 마음으로 살라며
손잡아 준다

바지랑바지랑 바지랑대
하늘에 걸려 바람에 흔들린다

시

 김동석

기계과 13회 졸업. 2015년 《서정문학》 신인상 수상 시부문 등단
《부산문인협회》 회원, 《서정문학》 운영위원, 《시작 동인회》 회원
2017년 《남제 문학상》 수상.
공저 『한국대표서정시선6,7,8』 『시작 7,8호』 그 외 다수.
현 (주)서영 부사장

봄바람 외 4편

그저 지나치는 줄 알았는데
연분홍 꽃잎 떨구고 간
봄바람의 몸짓은
첫사랑의 아련한 파장이었다

아스라이 하늘가에
빈 가슴 아롱지다
빛바랜 꽃편지에
눈물자국 남기고 간 청춘이
그저 잊혀진 시절인 줄 알았는데

봄빛으로 일렁이는
아득히 먼 추억이
꽃비 되어 쏟아져 내렸다

나목

자연이 빚어낸
바람과 물과 공기와 햇볕의
조건 없는 사랑으로
새잎이 나고
고운 꽃피워
가을날 풍요로웠던
행복한 시절이 있었다

눈꽃 시린 겨울날
천상에서 보내온 바람결에
바이올린 소리 애잔한 지금
그 시절이 그리워진다

모든 걸 내려놓은 나목은
자유로운 영혼 되어
겨울강을 건너
홀로서기를 해야만 한다
새봄이 올 때까지

장미 정원

빛나는 신록의 속삭임
눈가에 번져 오고
청춘의 푸른 꿈들은
하늘 향해 날개를 펼친다
따스한 봄볕 품은
붉은 장미꽃은
청춘의 불타는 용오름

내 청춘의 파랑새는
날개가 꺾여
초겨울 문지방에 시린 발 걸쳐 있어도
마음의 파랑새는
푸른 날개 퍼득이며
빛나는 푸른 별 기운
한아름 받아
어둠을 살라먹고
희망을 노래한다
오월의 붉은 장미 정원에

날개를 접고
인생의 화두에 붉게 물들어 간다

인생 꽃

새싹들의
돌잔치 아련한데

훌쩍 커버린
울창한 숲에
향내음 고운 꽃 만발하더니

지금
그 숲은
황홍빛 가득한
단풍꽃이라

세월이 가면
흰 눈들
켜켜이 쌓여
눈꽃 세상 눈부신
겨울날 오겠지

그 겨울 끝자락엔
모두 내려놓고
붉은 꽃 한송이
안개 속에 스러져

자연으로
돌아가겠지

사색

편백 숲에 누워
하늘을 본다
실바람이 얼굴을 스쳐간다

푸른 날개 나폴대는 파랑새들
일제히 날아올라
하늘에 푸른 장막을 치고
몸뚱이를 하늘로 쏘아 올린 나무는
짙은 편백 향기
땅에 살포시 내려놓는다

그 향기 심장에 닿으면
자라고 있던 상흔은
갈색 껍질로 벗겨져 나가고
내 몸은 푸른 깃털 달고
숲 속을 노닐고 있다

시

김선암

경북 영덕 출생, 대구거주. 전기과 13회 졸업
《한국문학작가》 신인상
(사)한국문학작가 정회원, 《곰솔문학회》 회원
공저 『꾼과 쟁이 9』
대경사무기 대표

내장산 외 4편

산불이 크게 났다고
용광로처럼 활활 타오른다고

그래서 사람들이
구름처럼 몰려들고

그런데 그 가슴마저
아, 불길처럼 뜨거워진다고

단풍

고혹적으로 유혹하는
하얀 뭉게구름 따라 올라온 산

바다의 잔물결처럼 나무에는
엄마의 고운 몸뻬 바지 버금가듯
화려한 윤슬이
능글스레 주렁주렁거리며
사람들은 밭일 나간
엄마를 애타게 기다리듯이
넋놓고 바라보고 있다

하, 엄마 품같은 단풍
가을볕 따스한 곳에 앉아
익어가는 가을을 보고 있다

보노라면 엄마 품같이
편안한 단풍이여라

억새

막새바람 산들거리는 산정에
별꽃들이 피어났다
어젯밤 창문 사이로 쉼 없이 소곤거리더니
싱그럽던 푸르름은 시린 하늘에 맡기고
반짝이는 별들이 머리 위에 내려앉았구나

갈색의 긴 바바리코트를 걸치고
고운 진줏빛보다 빛나는 은발 휘날리며
사각사각 부딪치며 춤추는 모습,
아슴하다 아슴해

어릴 때부터 곧게만 자라서
숙일지언정 꺾일 줄 모르고 하늘만 쳐다보며
익어가는 가을 앞에
모든 속 비운 채 하얀 백발이 되어
흔들리는구나 반짝이면서

불효자

친구들과 함께 오르는
진달래 반겨주는 고향의 뒷동산
두 눈은 바쁘고 몸은 힘겹다

아버지가 지게 지고
어머니가 나물보따리 이고
하루에도 몇 번씩 오르내리던 그 길

빈 몸 하나 오르는 일이
가슴은 요동치고
두 다리는 춤을 추는구나

물려준 몸 간직하지 못하고
까만 머리 휘어지고 힘이 없으니
나는 틀림없는 불효자인가 보다

당신이라는 꽃

길섶에 이름 없이
피어난 들꽃을 보면
당신이 생각납니다

목련처럼 고귀하게 태어나
한때는 장미처럼 화려하게
빛날 때도 있었겠지요

모진 바람 세찬 풍파 견딘 육신
이리 치고 저리 치어
작은 들꽃처럼 쪼그라졌지만
고귀한 자태에 피어나는
은은한 그 향기, 변함이 없네요

척박한 땅에 자리잡은
어머니라는 이름으로
그래도 당신이 있어 행복하네요

시

심재권 경남 거제 출생
배관과 13회 졸업
현 서울 북촌휴게소 《서아갤러리》 대표

꽃구경 외 6편

그대가 그리운 날
봄 오면
꽃구경 가자 조르던
그대에게 가는 길을 찾다

섬진강 건너
구례군 산동에 이르러
노란 안개 싸인듯 꽃동네를 만났네

그리움의 밀도로
금빛 바람 불어오고
햇살은 온종일 순한 양 같았네

발이 빠른 상위 계곡물이
저 아래
잔설殘雪남은 섬진강가에

꽃소식을 전하러 가든 말든

느린 바람조차 노랗게 꽃물 드는
시간도 찰라

곤줄박이 한 마리
이내 속으로 사라지고
개미들이 꽃상여를 물고 다닌 저녁답

그대 이름도
얼굴도 잊은 채
산수유막걸리가 몸에서 익어가고

꽃에 취했는지 술에 취했는지
돌아오는 길 내내

허리안개 속 월계마을
꽃타령만 했다네

대설부 待雪賦

첫눈이 오면
손톱만큼이라도 쌓이면

다시 만나자던 사람을 보낸 지도
오래전

어쩌자고
동백꽃 지고
매화 꽃잎 날리는

목련 벙글고 터지는
춘분의 절기에 첫눈이던가

뒤척이던 바람처럼
그대의 밤도 나처럼 아팠을까

사랑이 지나간
동백꽃 무덤 위로

남국의 섬나라에 첫눈 내리네

그대는 끝내 기별이 없네

목련 피다

혼기가 됐을 거야

허름한 낮달 온기에도
가지 끝 파르르
떨리는 걸 보았는데

주혼走婚*으로 밤마다 꽃이 되는
그 까페 여인처럼
익숙한 화루花樓인듯
뭇별과
달빛과 바람까지 한동안 기웃대더니

어느 애인이 순식간 담을 넘었는지
가볍게 넘나들었는지

홀애비 잠 못 드는 사나흘 밤을
속살속살 봄비에 젖어 보더니

꽃바람 불어오자
서방질하다 들킨 듯

화들짝

놀라 터지는

저 열락悅樂의 나신裸身

*走婚(주혼): 중국 윈난성 소수민족 마사인의 생활방식

다시 봄

동백꽃 지고 있더라고요
애기장같은 꽃무덤이 바람을 붙잡고
있더라고요

이별은 아무리 연습해도
익숙해지는 게 아니라는 듯

눈시울이 마알간 바람이
쉬이 자리를 뜨지 않더라고요

우리가 희망을
이소離巢 한 뒤로도 여러 날

저 이쁘기만 한 기억의 집은 어찌할까요

바지랑대 위로 오래전 바람에 실려간
제비꽃무늬 손수건은
다시 돌아올까요

까치가 집을 짓는 굴참나무 아래
햇살의 웃음이 따뜻해질 때 쯤
봄이 올 거라고 다독여 볼까요

그대가 눈길 두지 않는 동안

오래된 생채기도 꽃이 되려는지
웃자란 그리움이
자꾸만 가렵기도 하네요

개옻나무

당신의 봄날
꽃은 어떠했나요
여름날 잎은 소문처럼 무성했나요

봄날 꽃이 이쁘지 않았던 나무는
이 가을
꽃보다 붉은 단풍으로 치장합니다

덜 여문 자식 때문에
살아생전
한 번도 꾸며보지 못한
울 엄니도
죽어서야 비로소 꽃단장을 했지요

꽃다운
꽃 한번 피우지 못한 개옻나무조차
마지막 잎새는 불타듯 이뻐서

이별은 늘
당신이 아니어도 서럽습니다

소통

능력기도원
십자가위 까마귀
가을비 맞으며 오래 묵상 중이다

가끔
졸고 있는 것은 아니라는 듯
가래침인지
한마디씩 툭 뱉고는
다시 묵상 중

뗑이야
맞은편 절간에서

삑사리 난 범종이

일갈하는 아침

염낭거미

작은 풀잎 뒤
초막을 지은 어미는

껍데기마저 사라질 때까지
새끼들에게
제 살을 풀어낸다

아귀같은 것들의 포식 뒤
어미의 흔적이라곤 바람 한줌뿐

어느 비탈길을 배회하고 있는지
먹고살 만한 자리는 잡았는지
비바람에 잘 견디고 있는지

어미같은 삶은 살지 않기를

간절한 기도와 근심으로 남은

한줌 바람의 흔적뿐

시

최석균

경남 합천 출생
기계과 13회 졸업
현 창원경일고 국어교사
2004년 《시사사》 등단
시집 「배롱나무 근처」, 「수담(手談)」

안민동 외 4편

편안한 백성들이 사는 안민동에는
오르내리면 편안해지는 안민고개가 있다

뻗어나가던 길이 안민동을 지나면 너그러워지고
막혔던 심사가 안민고개에서 풀린다

산짐승과의 만남은 정겹고
복면들의 출몰은 새롭다

헛기침이 옆구리를 툭 치고 갈 때는
돌아보지 않는 게 좋다 등뒤엔 꽃이 피니까

고개 너머에는 바다가 있지만
멀고 긴 그리움은 남기지 않는 게 좋다

태평한 나라로 가는 길이 따로 있을까

비탈진 시간 위에 안민고개 하나 걸어두자

맨얼굴이 가면일 때가 더 많은 날이니
발치에 안민동 하나 세우고 살자

정체

요즘 들어
비가 오는 날이 잦다

동시다발로
길이 막히는 날이 많아졌다

집으로 가는 길은 갈수록 멀어지고
서로가 서로를 막고 서서 숨 막히게 만드는
길의 정체는 알 길이 없다

갓길에 서서 잠시
눌린 허리를 펴며 오줌을 눌 때
얼핏 스친 풀숲의 눈빛은 뱀일지 모른다

꼬리를 물고 피어난 붉은 정체는
어디가 머리이고 몸통일까

두려움이었고 의심이었던 어둠 범벅 속 정체의 윤곽이

직시 앞에서 잡히기 시작했다

따라잡으면 사라지고 멀어지면 나타나는

해묵은 그리움같이 긴 비가 온다

어룽거리는 빗물을 지우는 윈도우 브러시처럼
오래 젖은 슬픔을 닦는다

눈감지 말아야 할 이유가
산 너머 무지개 때문만은 아니다

집으로 가는 따뜻한 마음이
줄지어 핀다

등불에 비친 빗방울의 최후가
유리알처럼 맑다

마산 아구 골목

그날, 골목 깊은 곳
무섭게 달려들던 얼굴 하나
텀벙, 뛰어들게 하고
물컥, 빠져들게 하는
개펄같은 가슴이 있었지
뜸들이다 식어버린 속을
후끈하게 풀어 주는 소리
수면 아래 가라앉아 있다가
첫사랑같이 덤벼드는 입
단걸음에 달려가 아구아구
입맞춤하고 싶은 사람아

안민동 이웃

  11층에서 승강기를 기다리는데, 문이 열리자마자 5층에 사는 이웃 가족이 우루루 내리려다 말고 어? 아니네, 도로 들어가 함께 타고 내려오는 중이었지요. 아까 1층 안 눌렀나? 난 엄마가 누른 줄 알았지. 그것도 안 누르고 뭐 했노? 엄만 왜 안 눌렀는데? 문이 열릴 때까지 티격태격.

  부쩍 이런 일이 생기는 걸 보면, 보다 못한 하늘이 아랫집 윗집 인사나 나누라고, 하늘정원 한 쪽에 특별한 자리를 마련해서 한바탕 웃어나 보라고, 거꾸로 가는 일이 허다한 정신없는 날에 뭐 그런 시간 한번쯤이야, 그렇게 하늘의 뜻이 작동한 건 아닐까 짐작을 해보곤 하는 것이지요.

안민고개 데크로드

마실길이 편키야 편타마는
나무똥가리를 우째 이래 마이 모다가꼬
이래 반닥반닥 이사나시꼬 맨따모냥 시상에

말로 다할 수 없이 고요한
안민동 할머니 걸음 위에
실시간으로 피어서 날리는 말의 꽃

이 길모냥 저승길도 편해야 할낀대
그란대 와 니집이나 내집이나 갤온을 안 할라사꼬
남은 거 하나만 치우고 갔시모

꽃잎을 밟으며 느린 마실길을 다녀온 저녁은
먼 데까지 환히 나무 냄새가 났다

시

여승익

경남 하동 출생
기계과 15회 졸업
《문학예술》 2017년 신인상 수상 등단
《시동인》 회원
현 금산툴스 대표

사내 아이 외 4편

잠시도 앉아 있지 못한다
공부 중인데도

패드에 온 신경이 집중한다
밥 먹는 중인데도

엎치락뒤치락
얼굴에 웃음이 핀다

마음을 쏙 빼앗긴
어미의 눈으로 다가간다

게임 잘하고 공부는 안중에 없다
그래도 씩씩하게 자라는 게 최고다

연지못* 풍경

잔잔한 호숫가
늘어진 나뭇가지
물빛인지
나뭇잎 빛인지
바라보는 이의 마음도
물빛이고 나뭇잎 빛이다

봄비 맞으며
짙어진 나뭇잎
싱그러운 내음
눈으로 들어와
차갑고 힘겨운
가슴에 생채기 낸다

꽃은 지고
잎이 돋아나니
호수 물빛도
잎 따라 짙게 물들어

찾아든 나그네
심연의 못으로
발걸음 멈추고

짙은 물빛에 박혔다

*연지못: 창녕 영산면에 있는 연못

책 속으로 들어간다

미지의 세계는 조용필의 노래만이 아니다

책 속의 세계로 찾아드는 나의 발걸음이
미지의 세계로 가는 길목이다

미지는 늘 동경의 대상이다

그런데 대상으로 놔두면 어렵다
발걸음을 떼어 찾아들어야 한다
거기에 새로운 세상이 반기고 있을 것이다

새로운 희망을 키우면서 걷는 길이다

봄꽃

바람 부는 곳으로 눈을 가져가라
집 앞에도, 도로의 갓길에도,

꽃눈이 날리는 곳으로 마음을 보라
동산의 둘레길에도,
마을 앞 당산나무 옆에도,

온통 꽃의 세상이 축제를 열고 있다

하얗게 핀 꽃, 연분홍으로 피는 꽃
갖가지 모양으로 피어나 세상을 꾸민다

사람의 꽃은 어디에 있는가!
사람 꽃이 보고 싶다

어디에 있을까!

내 마음의 꽃

떠나지도 않고
다가오지 않는
내 마음의 꽃은
어디를 가고 있나

무던히도 애쓰고
무심한 듯 외면해도
내 마음의 꽃은
어디에 있을까

찾아도 보이지 않고
가만히 있어도
헤매는 내 마음의 꽃은
피고 지는 꽃이 아니다

늘 내 마음의 깊은 곳에
묵직하게 자리하고 있는
내 마음의 꽃은 바로 사랑이다

시

이광두

경남 의령 출생
기계과 15회 졸업
《문예한국》 2004년 시부문 신인상 등단
《경남문인협회》,《의령문인협회》,《의령예술촌》 회원

시든 꽃을 바라보며 외 4편

창틀 화분에 시든 꽃을 본다
색 잃은 꽃잎이 간당간당 바람결에 매달린다
노을이 서산을 넘은 지도 한참인데
꽃잎, 생의 끝을 붙잡고 있다
눈물이 난다
한때 화려했을
한때 향기로웠을
미련 때문일까
혼자 지지 못해 시들어 버린
저 꽃
저 꽃잎
떨쳐내지 못한 욕망 달랑달랑 붙잡고 있는
우리처럼, 참 질기다

겨울 나무

겨울 햇살 흔들리는 저 횅한 나무들

봄
여름
가을

아낌없이 털어낸 것을 보면

오래된 고향집처럼
참 겸손하다

희망

미세먼지 허공을 채우고 있다
초점 잃은 4월 햇살이 어정쩡하다
단독주택 옥상 빨래 자취 감추고
창문은 벌써 닫혔다
바람만 불어 골목마다 배회 중이다
사라진 것들
잃어버린 것들
멈춰진 것들
그 속에서
막 돋아난 이파리 아침 이슬처럼 싱그럽다

사월을 팔다

해그림자 사선을 긋는다

쪼그린 지붕 너머 낡은 굴뚝에선
저녁이 흩어지고

저 초록 너머
핑크빛 꽃을 기억할 시간

바람은 불어오고

바람보다 먼저 떨어진 꽃들이
이파리 없는 사월을 팔고 있다

민들레

밤바람에
공원 산책길을 걷다 무심코 바라본,
봄비 스쳐간 갓길에
민들레 한 쌍 피어있다
먼 겨울 건너와
줄기도 없이 자라난 잎으로
꽃대 끝에 피었다
바람인들
꽃이 피기 전까지 알기나 했을까
빗물인들
꽃이 피기 전까지 알기나 했을까
소리 없이 하루를 빛나게 한 뒤
잡초와 함께 소멸해 간,
곧
한줄기 밤바람 타고 훌훌 날아 윤회할
저 꽃

제2부

수필

수필

배재록

경북 울진 출생. 기계과 10회 졸업
《제52회 에세이문예 신인상 수상》(2017년)
《제9회 목포문학상 수필 본상 수상》(2017년)
《제13회 머니투데이 경제신춘문예 수필 당선》(2017년)
《울산문인협회》 회원(2018년)

천주산 진달래 외 1편

'산이 좋아 우린 산으로 간다.'

포항에서 온 젊은 친구가 가방 뒤에 매달아 놓은 시그널에 새겨진 구호다. 구호를 음미하며 산을 애호하고 숭상하는 등산 취미꾼들은 산을 오른다.

창원에 우뚝 솟은 천주산에 핀 진달래를 생각하며 산을 오르기 시작했다. 해가 바뀌어 새롭게 피어난 진달래꽃을 만나기 위해 설레는 마음을 안고 산을 오르기 시작했다. 산오름은 하늘에 더 가까이 다가가는 행위다.

살아오면서 늘 높은 곳으로 올라가야 한다는 도전에 익숙해져 있는 나다. 욕구의 본질이 생각보다 높은 곳에 있어 저 높은 곳을 향하여 매진했다. 더 높은 신분상승을 꿈꾸며 살았다. 출세라는 정상을 위해 매진해 왔다. 정상에 도달했지만 욕망은 더 높은 정상을 향하여 뜀박질을 종용했다.

산정상은 천하를 한눈에 볼 수 있는 꿈이 있기에 기를 쓰고 올라간다. 정상에 도달하면 몸을 낮추는 법을 배워야 했다. 낮추지 않고 정상에 도달해 보면 정상이 오래 머무르지 못한 곳임을 곧 깨닫는다.

아이가 분만되기까지 열 달을 기다리며 산고를 치루고 태어나듯이 정상에 도달하기까지는 많은 산고를 거쳐야 한다. 돌부리에 걸려 넘어지기도 하고 아스라한 암벽을 오르기도 한다. 대부분 숲속을 지나는 경우가 많다.

산소를 내뿜는 오래된 편백나무 숲을 지났다. 방향성 물질인 피톤치드를 마신다. 사람들이 위해를 가할까 봐 자신을 보호하기 위해 내뿜는 물질이 기분을 상쾌하게 만들어 준다. 수령이 많아 보이는 편백나무들이 바짝 긴장하며 포효를 하고 있다. 무리를 지어 동시다발로 뿜어내기 시작했다.

자연은 늘 생존경쟁에서 살아남기 위해 고군분투를 하고 있다. 과거 결핵환자가 의지했던 그 숲속이다. 피로에 지친 심신에 활력을 준다. 눈에 보이는 즐거움과 삼림욕이 마음까지 치유해 준다.

식물이 분비하는 살균 물질 피톤치드는 나무와 숲의 맑은 물이다. 가지가 부러졌을 때 신속한 방어를 위해 더 많은 피톤치드를 발산한다고 한다. 천연물질인 피톤치드는 항균작용, 소취작용, 진정작용, 스트레스를 해소한다.

길이 만들어진 산허리마다 등산을 하는 사람들로 빼곡하게 채워졌다. 가파른 산을 오르는 사람들 얼굴에서 산에 익숙한 모습은 찾아보기가 어렵다. 친구 따라 산에 온 사람처럼 발걸음이 무디고 숨고르기가 불편하게 보였다.

진달래를 구경하기 위해서 벌판이 아닌 산임에도 상춘객이 인산인해를 이룬다. 봄꽃은 추위를 피해 방안에 있던 상춘객들을 끌어모으는 마력을 지녔다.

　물먹은 솜처럼 노구를 이끌고 화사한 꽃을 보러 춘유를 즐기려 나섰다. 소생과 생동하는 봄 경치를 감상하려는 상춘객이 산벚꽃에 취한다. 돌아앉아 있는 돌부처도 감흥을 느낀다는 춘풍에 산길은 몸살을 앓고 있었다.

　아직은 회색 낙엽으로 덮인 산 곳곳에서 새싹이 올라오고 있다. 여린 연초록색 새순이 살포시 고개를 내밀었다. 새싹에서 따스한 봄 향기가 가득 퍼져 나온다. 자신을 억누르고 있던 엄청나게 무거운 땅을 비집고 솟아오른 새싹이다. 봄기운이 그만큼 강하고 싱싱하다는 의미다. 봄은 총천연색으로 찾아왔다. 단색 겨울을 밀어내고 다양성 봄이 온 산은 활짝 웃기 시작했다.

　앙칼진 꽃샘추위가 새순에서 피어나오는 봄 향기를 퍼트리기 시작했다. 고깔제비꽃, 털양지꽃, 큰개별꽃, 노랑제비꽃, 남산제비꽃이 나도 꽃이라고 시위를 한다. 봄볕 쬐이는 둔덕에 꽃이 펼치는 재롱잔치가 아기자기하다.

　천주산 오르는 길은 때아닌 차가운 바람이 불어 새순에게 고통을 준다. 봄이 가진 생명력은 가히 폭발적이지만 추위에 맥을 못 추는 나약함도 있다.

　새싹이 지닌 생명력이 엄청나기에 봄을 약동의 계절이라 부른다. 봄날에 땅위로 용솟음치는 강한 산기운이 천주산 곳곳에서 시위를 벌이고 있다.

　겨울을 이긴 새순은 매일 봄기운에 감탄과 즐거움에 휩싸여 커가고 있다. 긍정을 만들어 내는 존재가 새순이다. 양기를 가득 가지고 있는 새순이다.

눈길을 주는 곳마다 사색이 일고 감흥이 치솟는다. 사람마다 단어를 가진 뇌 지도가 있다고 하는데 이 순간에 그려질 지도가 궁금해진다.

어떤 사물을 보고 느낄 때나 공부를 할 때 뇌 사진을 촬영하면 단어가 저장된 부위가 표시된다는 실험 결과가 있다. 산벚꽃을 보고 감흥할 때나 새순을 보고 신비함을 느낄 때 뇌리에 그려 놓은 뇌 지도가 궁금해진다.

지금 내가 글을 쓰고 있는 이 순간에 그려진 뇌 지도 기억을 서로 연결하면 봄 냄새가 가득한 글이 나올 법도 하다.

밤하늘에 빛나는 별처럼 무수한 기억들을 연결하면 글이 된다는 사실이 놀라울 따름이다. 비록 기억이 완벽하지 못하다는 한계가 있어도 명작이다.

분홍색 진달래와 흰색 산벚꽃 사이로 연두색 이파리들이 천주산에 파스텔 톤의 풍경화를 그려내고 있다.

'하늘을 받치는 기둥' 638.8m 천주산이 아름다운 꽃으로 치장을 하고 있다.

정상 오르기 전에 산허리를 감고 도는 진달래 천국을 만났다. 꽃은 만개를 했으나 며칠 전에 찾아 온 꽃샘추위에 꽃망울은 동상에 걸려 시들어 버렸다.

동상을 입은 꽃은 절정의 아름다움은 잃었지만 자태는 그대로 남아 있다.

그래도 연분홍색 꽃망울이 산을 덮고 있는 모습이 아름답다. 진한 색상으로 덮인 능선은 진달래꽃만이 할 수 있는 축제를 벌이고 있다.

군락을 이루어 떼를 지어 산을 온통 분홍색으로 덮어버렸다. 무리를 만들면 힘을 표출한다. 파괴를 지향하는 힘이 아닌 창조를 위한 힘을 과시한다. 나와바리를 외치며 울타리를 쳐서 생존본능으로 종족을 보호하고 있다.

떠날 날을 미리 알고 있기에 가장 화려한 꽃을 피우고 있는지도 모른다.

당당하고 화끈하게 무리를 지었다. 남은 에너지를 모아 세상에서 가장 아름다운 꽃을 남기고 생을 마감할 태세다. 둥지를 떠나 어디론가 떠날 준비를 하는 꽃은 뒷모습도 아름답게 보인다. 여행 떠날 준비를 하고 있다.

꽃을 보러 모인 군중이 꽉 찼다. 꽃보다 사람이 많은 산은 심하게 붐볐다.

무리를 보호하기 위해 높게 두른 울타리를 낮추고 유희를 보여 준다. 덕분에 상춘객들은 아름다운 진달래꽃 극치를 보며 감동하고 즐거워하고 있다.

현재 뇌 지도에 기억하고 있는 아름다움을 지우고 새롭게 기억을 시켰다.

아직도 완고한 내 울타리를 낮추고 영역이 넓혀진 기분이다. 진달래가 보여 주려고 한 미감을 만끽했다. 보이지 않는 울타리는 잊기로 했다. 정상을 중심으로 널리 펼쳐진 진달래꽃이 사는 세상이 무릉도원이다.

잎이 되기 위하여 진분홍 꽃은 가지마다 무리지어 피기 시작했다.

고향의 봄에 꽃대궐은 천주산 능선에 펼쳐진 진달래꽃으로 만들어졌다. 척박한 땅에서 강인한 생명력으로 군락을 지어 왕국을 만들었다.

과거 먹을 양식이 떨어져 배고픔이 일상일 때 꽃을 피웠다. 배고픈 아이들은 진달래꽃을 따먹으며 허기를 달랬다. 시인 묵객들이 쓴 작품 속에 많이 등장하는 대표 꽃이다. 꽃잎을 따다 두견주를 담아 마셨다.

꽃전을 부쳐서 봄날을 즐기기도 했다. 민족 정서를 대변해 주는 꽃이 진달래꽃이다. 진달래 궁궐에서 피를 토하며 울었다는 두견새 소리가 들려올 법하다.

분홍색 꽃물결이 바람을 타고 천주산을 황홀하게 만들었다. 전설로 전해 오는 진달래 꽃방망이로 사랑에 빠져보고 장원급제를 하는 상상에 젖어본다

정상에서 바라본 자유수출지역으로 대표되는 마산만이 불황으로 잿빛이다. 기계공업단지 창원도 흐릿한 모습으로 다가온다. 철새도래지 주남저수지가 살아 있는 모습으로 불황을 타개하고 중흥을 위한 물안개를 보내고 있었다.

정상을 내려서는 발걸음이 빨라진다. 버거운 오르막길이 있었으니 이제는 내리막길이 앞을 막아선다. 내려갈 수밖에 없는 인생사는 황혼 길로 접어들기 시작했다. 해가 뉘엿뉘엿하여 어두워질 무렵인 황혼이 가장 아름답다고 했다.

하산은 황금 길을 걸으며 삶이 충만하고 즐거운 인생을 살아가고 싶다. 영롱한 진달래꽃 한아름을 안아 보고 기쁘게 하산을 했다.

조국 근대화의 기수

오래된 앨범을 뒤지다 사진 한 장에 눈길을 멈추었다. 사진은 35년 세월의 더께가 앉아 퇴색되어 있다. 그때 나에게 기술을 가르쳐 준 독일인 기술자와 첨단기계 앞에서 찍은 사진이다. 회사는 세계 최대 선박용 엔진공장을 지으면서 독일로부터 첨단기계 가공장비를 대거 수입했다. 사진은 내가 기술 이전을 받은 기계 앞에서 회사 홍보용 다큐멘터리로 찍었던 사진이었다.

사진은 보이는 것 외에도 보이지 않은 추억을 생생하게 불러냈다. 금방이라도 뛰쳐나와 그때 일을 재현해 줄 것 같은 기세다.

최첨단 기술 한국 태동을 알리는 기념비적 사진이다. 내 인생에서 가장 큰 변곡점을 담고 있다. 베이비부머 세대가 주축인 조국 근대화의 기수가 되었기 때문이다.

선진국 일류 기술자로부터 언어장벽을 극복하며 기술전수를 받았다. 선진국 경쟁사는 기술 기득권을 가졌고 경쟁자에게 쉽게 기술이전을 해주지 않았다.

기계를 수입하며 기술이전을 계약서에 명기했지만 알맹이 기술은 회피했다. 많은 시행착오와 집념으로 연구를 거듭한 끝에 엔진제작 기술습득에 성공했다.

선박용 엔진공장에는 수많은 최첨단 가공장비 설치가 완료되었다.

뒤를 이어 처음으로 선박용 엔진국산화 대첩을 이룩했다.

어떻게 보면 첨단 기계장비는 기계공업의 꽃을 만들었고 조국 근대화 기수라는 칭호를 받을 만큼 일대 혁신이었다. 단일 엔진공장으로는 규모와 생산능력에서 세계 최고 수준이었다. 소재, 가공, 조립을 하는 종합기계공장으로 탄생했다.

조국 근대화의 기수가 된 순간이었다. 국립부산기계공고 졸업 3년 만이었다.

당시만 해도 한국 기계공업은 철공소 수준에 머물러 있었다. 기계장비도 일제강점기에 만든 선반, 밀링 정도였다. 선박용 엔진도 해외에서 비싼 외화로 수입했다. 기계로 가공을 해야 될 큰 일거리가 없어 기계공업 육성 명분이 없었다. 기능공들을 기름쟁이, 공돌이로 부를 만큼 열악했다. 이 땅에 선박용 엔진공장을 지어 엔진 국산화의 꿈을 실현한다는 자체가 벅차고 사건이었다.

기능공이란 오명을 벗기 위해 처음에는 의사처럼 웃옷을 입고 근무를 했다.

사진은 내가 조국 근대화가 되기까지 스토리텔링을 끄집어내기 시작했다.

빈농의 여파로 겨우 중학교를 마친 나는 상급학교 진학을 일치감치 포기했다. 늘 그대로인 가난은 꿈도 내일도 보이지 않게 했다. 진학에 대한 포기는 절망을 넘어 운명까지 저주하게 했다.

직업훈련소에 들어가서 기술을 배우고 여건이 되면 고교 진학을 할 생각을 했다.

하늘이 도운 건지 운 좋게 국립부산기계공고 진학의 영광이 찾아왔다. 중학교가 시골에 있고 울진중학교 분교로 되어 있어 거의 꿈도 꿀 수 없던 일이었다. 비록 분교지만 줄곧 성적이 우등생을 유지 한 결과가 영광을 안겨 주었다.

조국 근대화 프로젝트를 성공적으로 수행하기 위하여 금오공고와 더불어서 박정희 대통령 의지로 세운 국립공업고등학교였다. 학비 국비지원, 기숙사 생활, 산업체특례 병역특전, 장학금 지급 등 특전이 있었다. 전국 지역 안배로 900명이 합격했다. 입학 자격이 5%이지만 합격은 3% 안에 들어야 가능했다. 선별된 우수 교사와 시설에서 엄격한 군대식 규율로 조국 근대화의 기수 과정을 이수했다.

8회 때부터 900명으로 증원되고 국립공고로 개명되는 등 시스템이 완비되었다.

실습복 양어깨에 조국 근대화의 기수 마크를 달고 6개월간 줄로 쇠붙이를 깎으며 기초훈련을 시작했다. 교정에 세운 탑은 조국 근대화의 기수가 되기를 종용했다.

2학년 말 정밀가공기능사(FIC) 자격증을 취득함으로써 인고의 과정은 끝이 났다.

내노라 하는 대기업에서 취업 요청이 쇄도했다. 나는 선박엔진을 만드는 현대중공업에 입사했다. 배움의 기회는 회사 배려로 야간대학으로 이어졌다.

신축한 세계 최대 기계공장에서 최첨단 기계를 이용해 초정밀엔진을 만들었다. 영문으로 된 두꺼운 기계매뉴얼과 씨름하며 기계장치를 이해하는데 많은 시간이 걸렸다. 야근과 생소한 컴퓨터 프로그램을 이용해 1/1,000mm 공차 초정밀 제품을 만들어야 하는 일 또한 힘겨웠다.

엔진을 만드는 소재는 크게 주물품과 단조품, 제관품으로 나누어져 있다. 주물은 고철을 전기로인 용해로에서 녹인 쇳물을 제품의 모형을 뜬 틀에 부으면 만들어진다. 초기에는 주조기술이 서툴러서 기공이 발생하는 등 결함이 많이 발생했다. 보통 기계가공을 해보면 결함을 확인할 수 있었다. 또 단조품은 제철소에서 만든 Ingot를 구매하여 가열로에서 가열 후 프레스로 두드려서 원하는 제품을 만든다. 제철소에서 제관은 강판을 구매하여 전처리 공정과 도장을 한 두 절단, 제관 용접을 하여 만든 제품이다. 큰 엔진은 아파트 3층 크기와 맞먹는데 외벽은 제관품으로 프레임을 만든다. 워낙 큰 부품이라서 이를 가공하는 기계장비도 크다. 엔진의 95%가 쇠로 만들었다. 선박의 구동장치인 엔진은 초정밀 제품이어서 쇠에 조그마한 결함이 있어도 불량품으로 처리한다. 항해 중에 가장 핵심인 엔진이 고장나면 대형사고가 나기 때문이다. 주물과 Ingot라는 단조 소재에 불순물이 혼입되면 조작에 기공이 생기거나 갈라지는 현상이 발생하기 때문에 수차에 걸쳐서 재료시험을 실시하고 있다.

엄격한 선주들이 지정한 검사기관에서 진행되는 공정마다 검사를 실시한다.

엔진에 사용되는 금속은 합금이 대부분이다. 내구성이 강해야 강한 열과 압력에 견딜 수 있기 때문이다. 기계가공을 하면서 골치거리는 기껏 작업을 끝을 냈는데 제품에 결함이 뒤늦게 발생했을 때다. 수백만 원의 제품이 폐기처분 될 때 기분은 친구를 잃었을 때의 심정이었다. 불량품은 초기에 많았으나 일정한 시간이 지난 후르는 거의 발생하지가 않았다. 그만큼 기술적응이 빨랐다는 증거다.

선박용 엔진 한 대 가격이 작게는 300만 달러에서 1천만 달러 수준인데 우리 손으로 직접 만들어 냄으로써 현대화 발판을 마련했다. 그동안 선박용 엔진은 덴마크나 스위스 등에서 수입해 왔다.

나는 후배들을 지원하는 관리자 길을 걸으며 조선 산업의 현대화를 위해 기수의 역할을 했다. 조선업 위기가 봉착되어 2016년 12월에 부장으로 명퇴를 하기까지 근 38년간 줄곧 선박용 엔진을 만드는 근대화와 현대화 기수로서 일익을 했다. 생산, 영업기획, 사업기획 업무를 수행했던 회사는 상선용 세계 엔진시장 35%를 지배했다. 재직 기간 중 1억5천만 마력 엔진을 생산하여 세계 1위 자리를 지키고 있다. 내가 제작에 참여한 5,600여 척 선박이 세계 바다를 누비고 있다.

 이제 조국 근대화의 기수들이 은퇴를 시작했다. 역사에 장한 흔적을 남겼다.

 애국하는 일은 국가 이익과 안녕과 발전에 도움이 되어야 한다. 시대에 따라 관점을 달리해도 역사적으로 볼 때 나라가 어려울 때 많은 애국자가 탄생했다. 독립운동가, 중동파견 근로자, 월남파병용사, 산업전사와 간호사, 국제대회 메달리스트 등이 주인공이다. 애국의 길은 범상하지 않은 희생과 헌신이 있어야 가능했음을 역사는 말해 주고 있다. 한국 근대화과정은 험난했고 불굴의 애국정신과 강력한 카리스마를 가진 지도자가 있었기에 가능했다. 조국 근대화는 5천년 농경 산업을 고도성장 나라로 바꾸는 혁신을 가져왔으며 가난과 같이 살아온 젊은이들을 중산층으로 격상시킨 변화를 일으켰다.

 조국 근대화의 기수는 박정희 대통령이 쓴 휘호이다. 조국 번영에 대한 열망과 포부를 엿보는 명제라 생각한다. 기수는 앞장서서 이끌고 나가는 사람을 칭한다.

 글로벌화 시대에 맞는 새로운 애국심을 요구받고 있다. 최고가 아니면 도태되는 치열한 경쟁세계다. 각자가 맡은 일 완성도를 더 높이는 노력이 대응책이다. 조국은 세계화 기수를 필요로 하고 있다. 세계화 기수로 부응하는 일에 도전하는 일이 애국하는 일이라 생각한다.

제3부

소설

소설

권기옥

1960년 대구 출생. 기계과 10회 졸업. 동아대 영문과 중퇴
2000년 국제신문 1억 고료 장편 본선 진출.
2013년 《사람의 문학》으로 등단
2014년 혼불문학상 5천만원 고료 장편 본선 진출
영주 풍기에서 삼포가는길 인삼홍삼 제조업 운영

종착역

광장을 한 바퀴 돈 길견도는 지하도를 뚫고 건너편 출구로 나왔다. 텍사스 골목(외국인 거리)이 나타났다. 보이는 건 호객 행위를 일삼는 거리의 여인들뿐이었다. 길견도는 중국인 학교와 러시아 상점들을 지나 미로같이 얽힌 여관 골목을 샅샅이 훑었다. 실망한 길견도는 지하도를 건너 분수대 주변을 헤매다가 대한통운 건물을 지나 중앙동까지 걸었다. 그러나 점박이는 나타나지 않았다.

도중에 길견도는 어느 아가씨의 품에 안긴 치와와 한 마리를 보았다. 알록달록한 옷을 걸치고 대가리에 빨간 리본까지 단 치와와가 자신을 외계인 바라보듯 멀뚱멀뚱 쳐다보았다. 정작 점박이는 나타나지 않고 호사가 극에 달한 애완견들만 주인의 품에 안겨 거리를 떠다닐 뿐이었다.

길견도는 중부 경찰서 건너편까지 올라갔다가 광장으로 맥없이 돌아왔다. 금세 나타날 줄만 알았는데 이놈은 어디로 간 것일까. 길견도는 아리랑 호텔을 지나 철길과 상가를 가로막은 담벼락을 따라 골목 깊숙이 들어갔다. 풍물거리에 늘어선 포장마차들의 주황색 천막들이 바람에 펄럭였다. 포장마차들 사이를 뒤져도 점박이는 튀어나오지 않았다.

  마음을 다잡은 길견도는 이번에는 광장을 가로질러 침례병원 쪽으로 나섰다. 멀리 정발 장군 동상이 보였다. 동상은 길견도의 눈에 점박이처럼 보였다.

  길견도가 점박이를 만난 건 지난여름이었다.
  여느 날과 마찬가지로 시계탑 주위를 서성거리던 길견도는 웬 계집애가 들고 있는 핫바를 노려보기 시작했다. 핫바로 향한 시선은 또 하나 있었다. 계집애의 오빠였다.
  오빠에게 빼앗기지 않으려고 용을 쓰던 계집애는 엉겁결에 핫바를 바닥에 떨어뜨리고 말았다. 길견도는 핫바를 노려보았다. 계집애와 오빠는 험악한 인상으로 서로를 노려보았다. 이미 핫바는 먼지투성이로 변하고 말았다. 아이들은 여행용 가방을 든 어머니가 나타나자 못내 아쉬운 듯 바닥을 나뒹구는 핫바를 뒤로하고 새마을호 대합실로 향했다.
  길견도가 핫바를 향해 한 걸음을 내디뎠다. 그때 얄궂게도 대가리에 점 하나가 박힌 누렁이 한 마리가 어슬렁거리며 나타났다. 땟국물이 주루루 흐르는 것이 영락없는 떠돌이 개였다. 점박이는 핫바를 향해 앞발 하나를 들었다. 일순 길견도의 눈에서 불이 번쩍했다. 놈을 향해 오른발을 내질렀다. 헛발길질이었다. 가만히 보니 저번에 분수대 근처에서 초코파이를 놓고 일전을 겨루었던 놈이다. 서너 발짝 뒷걸음질친 점박이는 안쓰러운 눈빛으로 길견도를 쳐다보았다. 점박이의 동정 어린 시선을 무시한 채 길견도는 그것을 손으로 먼지를 툭툭 턴 뒤 통째로 자신의 입안에 쏙 집어넣었다. 점박이는 알 듯 모를 듯한 신음을 몇 번 내지르다 대가리를 푹 숙인 채 포장마차 골목 쪽으로 비실비실 걸어갔다.

두어 번은 씹을 건더기가 있었다. 너무 급하게 삼켰는지 맛이 밍숭맹숭했다. 공복감을 한결 덜은 길견도는 입맛을 다시며 제 그림자를 끌고 사라지는 점박이를 무심코 바라보았다. 다시는 부딪히고 싶지 않은 놈이었다.

핫바를 먹은 뒤라 길견도는 담배가 생각났다. 꽁초는 시계탑보다는 분수대 쪽이 훨씬 많았다. 팔팔인지 윈스턴인지 모를 꽁초 하나를 주워 분수대의 대리석 의자에 턱 하니 걸터앉았다. 난데없이 길견도가 곁에 앉자 청바지에 하얀 티셔츠를 걸친 단발머리 아가씨는 못 볼 것을 본 눈초리로 배낭을 메고 퍼뜩 일어나 자리를 옮겼다. 덕분에 길견도는 두 다리를 쭉 펼 수 있었다.

길견도가 움직이면 자리나 길이 넓어졌다. 무슨 높은 관리라도 행차한 양 대다수가 그의 앞을 비켜 주는 데에는 굳이 마다할 이유가 없었다. 그가 지닌 유일한 특권이었다.

역 광장에 버려진 꽁초들은 하도 긴 게 많아서 짧은 것들은 쳐다볼 이유가 없었다. 비록 분수대는 시원한 물줄기를 힘차게 뿜어 올리지만 덥기는 시계탑 쪽이나 마찬가지였다. 그렇다면 더 이상 분수대를 고집할 필요는 없었다. 꽁초를 다 태운 길견도는 시계탑을 지나 역사 안으로 들어갔다. 실내는 에어컨이 펑펑 돌고 있었다.

세월은 흐르지만 길견도의 삶은 그대로였다. 이유는 '조금' 때문이었다. 그러나 그 조금은 관념만으로는 생길 수 없는 것이었다.

자판기 지붕에는 누군가 먹다 남긴 커피가 종이컵에 고스란히 들어 있었다. 급하게 열차를 타러 간 경우였다. 심지어 어떤 승객은 동전만 넣은 채 메뉴판을 눌러보지도 못하고 다급하게 돌아서는 경우도 있었다. 그럴 때면 거금 삼백 원이 고스란히 길견도의 몫이었다.

후식 삼아 커피를 마신 길견도는 쓰레기통에 종이컵을 던져 넣었다. 이제는 또 무얼 하나. 길견도는 대합실의 빈 의자들 중 하나를 골라 엉덩이를 내려놓았다. 주변의 승객들이 길견도를 힐끔 쳐다보았다. 티브이가 가장 잘 보이는 자리였다.

화면이 시선에 들어왔다. 헬기 한 대가 날며 전국의 피서지를 보여주고 있었다. 곳곳의 계곡과 해변이라는 해변은 온통 쓰레기 천지였다. 승객들은 다들 눈살을 찌푸렸다. 먹다 남긴 쌀밥, 불어터진 라면, 시커멓게 탄 삼겹살과 매트와 나무젓가락과 검은 비닐봉지들이 낱낱이 클로즈업되었다.

행락객들은 헬기가 떠다니자 내막도 모르고 아이 어른 할 것 없이 손을 흔들었다. 썩어 들어가는 음식들에 달라붙은 파리떼가 계곡에 나뒹구는 밥알들 만큼이나 바글바글했다. 길견도는 오랜만에 분노라는 감정이 솟구쳤다. 분노라는 감정에 힘입은 길견도는 문득 무언가가 생각났다.

'나는 왜 이런 신세로 떨어졌던가.'

오랜만에, 너무도 오랜만에 이런 생각이 들자 길견도는 토막난 과거들이 어렴풋이 떠올랐다. 그러나 스스로 토막난 과거들을 이어나갈 의식 수준은 안 되었다.

철길과 풍물거리 사이에 가로놓인 긴 담벼락을 따라 길견도는 무작정 걸었다. 그때 빠아앙, 하는 기적과 함께 열차 한 대가 플랫폼으로 들어서며 덜커덩 발착음을 냈다. 통일호였다. 기실 껍데기만 통일호이지 속은 비둘기호인 낡아빠진 열차가 끼이익 긴 마찰음을 내며 브레

이크를 밟고 있었다. 참전(베트남전) 당시에 탈 때만 하더라도 늘씬한 몸매와 속도를 자랑하던 특급열차 맹호호(1967. 8. 13 비둘기로 개명)였는데 이제는 느리고 낡아빠진 퇴물이 되어 가고 있었다.

출전 당시에는 비둘기부대였다가 선상에서 맹호부대로 바뀌었던 과거가 생각날 듯 말 듯했다. 멍하니 열차를 쳐다보던 길견도는 이윽고 길게 늘어선 포장마차 골목으로 접어들었다.

나무의자에 걸터앉아 우동을 급히 삼키는 사람들을 힐끗힐끗 쳐다보며 길견도는 말없이 걸었다. 자신도 따끈따끈한 우동 한 그릇을 먹고 싶었다. 포장마차들 사이를 오락가락하던 길견도는 어떤 행인과 어깨를 부딪쳤다. 재수없다는 듯 성난 얼굴로 쌔려보던 그는 길바닥에 침을 탁 뱉고는 역사로 뛰어갔다.

길견도가 점박이를 다시 만난 건 며칠 후 분수대 근처였다.

길거리 고참 동료 두 놈이 딱딱한 돌의자에 걸터앉아 어디서 구했는지 크림빵과 우유를 먹고 있었다. 정신이 오락가락하는 주정뱅이와 늘 횡설수설하는 석탄이었다. 길견도는 석탄이 건네주는 크림빵 한 쪼가리를 얼른 받아 날름 입에 넣었다. 살 것 같았다. 길견도는 손가락에 묻은 크림을 쪽쪽 빨며 주정뱅이와 석탄을 번갈아 쳐다보았다. 아직까지 둘 다 완전히 가지는 않은 것 같았다. 이 바닥 인생들이 그렇듯이 반만 갔지 다 간 것은 아니었다.

석탄과 주정뱅이를 뒤로 하고 분수대를 뜨려는데 난데없이 점박이가 나타났다. 점박이는 석탄과 주정뱅이가 먹고 있는 크림빵을 쳐다보며 꼬리를 살살 흔들었다. 점박이를 먼저 본 건 석탄보다 주정뱅이였다. 주정뱅이는 낡아빠진 신발을 벗어 들더니 점박이를 향해 냅다 던졌다. 깨갱, 하는 신음과 함께 점박이는 몇 걸음 뒤로 후퇴했다. 그래도 점박이는 멀리 도망가지 않았다. 그러자 이번에는 석탄이 냉큼 일어나 놈에게 다가갔다. 점박이는 꼬리를 흔들며 제자리에 가만히 있었다. 석탄은 점박이의 덜미를 잡더니 위로 들어 올렸다가 바닥에 팽개쳤다. 죽는다고 신음을 내지르던 점박이는 온몸을 부르르 떤 뒤 석탄을 향해 몇 번을 짖다가는 아리랑 호텔 쪽으로 향했다. 석탄과 주정뱅이는 배를 잡고 웃어젖혔다. 하지만 길견도는 웃지 않았다. 어깨를 축 늘어뜨린 채 비실비실 도망치는 점박이에게 연민의 정 비슷한 걸 얼핏이나마 느꼈던 것이다.

그 후 길견도는 광장에서 점박이를 보기 힘들었다. 장마가 시작되었다. 길견도는 종일토록 대합실에 앉아 죽쳐야 했다. 앵커가 각 지방의 홍수 피해를 나열하고 있었다. 하릴없이 화면만 쳐다보며 졸다 깼다를 반복했다. 그 짓도 자꾸 하니 지겨웠다. 얼굴에 붙는 파리들을 손으로 날리며 자리를 일어났다. 일어난들 별 볼 일 없다.

광장의 아스팔트 사이로 듬성듬성 선 느티나무들이 잎사귀를 조금씩 털어 내고 있었다. 어느새 낙엽이 광장을 구르는 듯하자 이내 찬바람이 불어 닥쳤다. 길견도의 고행길에 적신호가 들어왔다. 행인들의 옷차림에 변화가 일어났다. 오리, 오소리, 토끼, 밍크, 악어, 여우 할 것 없이 수많은 파카와 코트가 등장했다.

계절과 온도가 생존에 어떤 영향을 미치는가를 길견도는 분수대 주변에서 몸소 체험하고 있었다. 분수대를 맴돌던 길견도는 문득 자선냄비를 발견했다. 자선냄비는 귀신도 모르는 사이에 나타나 있었다. 의자에 돌처럼 굳은 채 앉아 있던 길견도는 자선냄비를 무연히 쳐다보았다. 행인들은 이따금 모금함에 돈을 넣었다. 아줌마도 넣었고 아저씨도 넣었다. 부모의 손을 잡고 걷던 꼬마도 동전 몇 개를 모금함에 넣었다. 제복 차림의 남녀 한 쌍이 종을 울리며 돈을 넣는 그들에게 자동인형인 양 머리를 꾸뻑꾸뻑 숙여 대었다. 모금함에는 잘도 돈을 넣으면서 정작 자신에겐 아무도 돈을 주지 않았다.

모금함을 무연히 쳐다보던 길견도의 귓가에 갑자기 딸랑딸랑 하는 소리가 들려 왔다. 제복을 입은 남자가 종을 힘차게 흔들었다. 그 소리에 길견도는 정신이 번쩍 들었다. 부산진역 근처에 있는 노숙자 쉼터가 생각났다. 그곳에 있을 때는 이런저런 자선 단체에서 가져온 옷이나 음식을 얻어 입거나 먹을 수 있었다. 그러나 그것도 선거나 연말연시 등, 한때의 사회적 바람에 지나지 않았다.

광장은 자유로운 듯 하지만 자칫 잘못 걸리면 부랑자 수용소로 직행할 수도 있었다. 신장을 팔아먹은 빈대와 호적상으로 중국인 마누라를 둔 코찔찔이도 더 이상 보이지 않았다. 그러고 보니, 아무나 보면 헤프게 히죽히죽 웃어제끼던 화냥년과 머리통에 늘 부스럼 딱지를 달고 다니던 골초도 어디로 갔는지 근래에 눈에 띄지 않는다는 사실을 길견도는 희미하게나마 의식할 수 있었다.

날이 갈수록 찬바람이 불어왔다. 한데에서 손을 내밀고 있으면 온몸에 한기가 돌았다. 며칠 전 지하도 전철역 화장실에서 제법 고급에 속하는 오리털 파카 하나를 주워 걸쳤지만 바람이 쌩쌩 들어오는 입구 쪽의 차가운 돌계단에 엎드려 손을 내밀고 30분만 있으면 죽을 맛이었다. 손가락은 굳어서 펴기도 힘든데다가 귀는 벌겋게 얼어서 떨어져 나갈 지경이었다. 심지어 오금이 저리는 다리를 겨우 펴서 화장실에 가 볼일이라도 볼라치면 거기가 꽁꽁 얼어붙어 한동안 선 채로 녹을 때까지 기다려야 할 판이었다. 분유 깡통에서 쨍그랑 하는 소리도 비행기 추락하는 확률만큼이나 드물었다.

조금, 조금만 있으면 길거리에서 양말을 팔아서라도 이 짓을 때려치울 수 있을 텐데, 라는 생각을 하며 길견도는 깡통을 분수대 옆 화단에 숨겨 놓고 대합실로 향했다. 따뜻한 대합실의 의자에 자리를 잡으니 마침내 살 것 같았다. 온풍기가 신처럼 느껴지는 길견도였다. 몸이 녹기 시작하니 정신이 조금씩 들기 시작했다.

티브이 화면에 시골 마을이 나타났다. 마을은 폭설에 뒤덮인 채였다. 앵커는 어디어디 도로가 막히고, 하는 소리를 늘어놓았다. 길견도의 시선은 눈 덮인 한 농가의 굴뚝에서 나는 밥 짓는 연기를 보고 있었다. 하염없이 위로 치솟는 연기를 보자 길견도는 고향에 갔던 생각이 불현듯 떠올랐다. 지우고 싶은 기억이었다.

새로 얻은 마누라를 통해 얻었던 자식들(갓 사회로 나온)에게 카드 빚을 떠넘기기 싫어 도시를 전전하다 남몰래 스며든 고향 마을이었건만 반년도 채 못 되어 쫓겨나고 말았던 기억.

아는 안면에 모르는 체 할 수 없어서 농가 일도 시키고 일당도 주는 듯하던 고향 사람들도 나중에는 손발이 늦어 품값이 아깝다고 다들 길견도를 내돌리기 시작했다. 겨울이 오고 농한기에 접어들자 급기야는 아무도 길견도를 제집에 들여놓고 싶어 하지 않았다. 방 한 칸을 주는 것은 별 것 아니었지만, 정작 이유는 딴 데 있었다. 한 집에 살다 보니 길견도란 존재가 본인들 사생활에 걸리적거리는 흉물로 보이기 시작한 것이었다. 그리하여 버려진 농가에서 머물던 길견도는 눈이 녹자 다시 통일호를 타고 부산으로 흘러 들어왔건만 자신을 기다리는 것은 역전 광장과 전철역 지하도뿐이었다.

아무리 흐릿한 의식을 지닌 길견도이긴 하지만 마지막으로 들었던 고향에서의 그 말만은 잊을 수가 없었다.

여기가 도시에서 말아묵은 놈들 요양시켜 주는 덴 줄 알아!

길견도가 점박이를 다시 만난 건 지난겨울이었다. 날씨가 추우면 추울수록 행인들의 숫자도 점차 줄어들었다. 대합실을 향해 어기적어기적 걸으면서도 '조금'에 대한 생각은 길견도의 머릿속에서 떠나지 않았다.

시계탑 아래를 지나는데 점박이가 나타났다. 점박이는 바닥에 나뒹구는 새우깡 알갱이를 혀로 날름거리고 있었다. 길견도의 눈치를 힐끔힐끔 보던 점박이는 마지막 새우깡 한 알갱이를 혀로 훔치자 벤치 밑으로 쏙 기어들어갔다. 몸을 바르르 떠는 꼴을 보니 저놈도 역시 추운 모양이었다.

길견도는 점박이를 유심히 쳐다보았다. 길견도가 벤치로 다가가자 점박이는 겁먹은 표정으로 목을 움츠리며 뒷걸음질쳤다. 그러나 더 이상 물러날 곳도 없었다. 길견도는 파카 주머니를 뒤져 오징어 다리 두어 개를 점박이에게 내밀었다. 믿기지 않는 눈빛으로 길견도를 쳐다보던 점박이는 엉거주춤 머뭇거렸다. 그 틈을 타 길견도는 점박이의 목덜미를 와락 붙잡았다. 움찔 하던 점박이는 마침내 머리통을 축 늘어뜨리고 말았다. 길견도는 점박이의 머리통을 몇 번 쓰다듬었다. 그러자 점박이의 위축된 표정이 풀렸다. 점박이의 몸통은 의외로 따스했다. 난장 인생이 된 이후로 처음으로 느껴 보는 따스함이었다. 정처없이 떠도는 길견도와 떠돌이 개 점박이가 친구가 된 것은 그때부터였다. 꽁꽁 얼어붙었던 사람과 개의 몸이 그로부터 녹기 시작했다.

길견도가 있는 곳에는 점박이가 있었다. 점박이 또한 언제나 길견도의 그림자처럼 그를 따라붙었다. 길견도는 날이 갈수록 점박이에 대한 정이 깊어 갔다. 이제는 예전처럼 핫바를 놓고 다투는 그런 불상사는 있을 수 없었다. 길견도와 점박이가 동거에 들어간 것은 당연한 일이었다. 못된 고참 부랑자가 길견도에게 해코지라도 하는 날에는 점박이가 이빨을 드러내고 으르렁거리며 놈에게 공포심을 조장했다. 점박이는 더 이상 떠돌이 개가 아니었다. 개에게 주인이 생긴다는 것, 그것은 크나큰 행복이었다.

여느 때와 다름없이 점박이를 데리고 구걸하던 길견도는 어느 날 배탈이 났다. 뱃속에서 꾸룩꾸룩 하는 소리를 연거푸 들으며 지하상가 화장실을 부리나케 다녔지만 설사는 좀체 그칠 기미를 보이지 않았다. 길견도는 새마을호 대합실로 들어가 빈 의자에 몸을 주저앉혔다. 따뜻한 기운이 온몸으로 퍼지자 길견도는 노곤해져 의식이 가물가물했다. 그러다 잠이 들고 말았다.

점박이는 깡통을 지키며 주인이 오기를 기다렸다. 10분, 20분이 지나도 주인은 오지 않았다. 점박이는 깡통을 버려 두고 분수대 주변과 간이 쉼터로 조성된 적벽돌담의 벤치들을 훑으며 주인을 찾아다녔다. 하지만 그 어느 벤치에도 주인은 없었다.

점박이는 코를 킁킁거리며 아리랑 호텔 앞의 공영 주차장을 한 바퀴 돌았다. 그래도 주인의 냄새는 맡을 수 없었다. 시계탑 쪽으로 가 보았지만 주정뱅이와 석탄만 바닥에 퍼질러 앉아 소주를 까며 서로 머리를 맞대고 뭐라 지껄일 뿐이었다.

점박이는 힐끔힐끔 노려보는 주정뱅이와 석탄을 향해 두어 번 짖어 주고는 대합실로 향했다. 그러나 출입문이 막혀 있어 들어갈 수 없었다. 마침 한 승객이 출입문을 열고 들어가는 순간을 놓치지 않고 실내로 뛰어들었다. 화장실 입구로, 간이매점으로, 이리저리 돌아다니다 마침내 티브이 앞에 놓인 의자에 누워 잠든 주인을 발견했다. 반갑게 주인에게 달려들었건만 길견도는 혼몽한 상태에서 깨어나질 않았다.

주인 곁을 지키던 점박이는 공안원에게 쫓겨 구걸 현장으로 돌아와야만 했다.

　엄마의 손을 잡고 역으로 향하던 꼬마 하나가 점박이를 보았다. 점박이는 귀여운 꼬마 녀석을 보자 일어나 꼬리를 살살 흔들었다. 꼬마는 쪼그리고 앉아 웃으며 점박이의 머리통을 손으로 두어 번 쓰다듬어 주었다. 점박이는 머리통을 더 디밀었다. 그때 꼬마의 눈에 깡통이 불쑥 들어왔다. 안을 들여다보니 동전 몇 개가 들어 있었다. 뒤늦게 따라온 꼬마의 엄마가 녀석의 손을 잡아 당겼다. 꼬마는 일어서면서 동전을 몇 개 꺼내어 깡통에 던져 넣었다. 쨍그랑 하는 소리를 들은 점박이는 멍멍 짖으며 꼬리를 세차게 흔들었다.

　깡통을 지키는 점박이를 눈여겨본 사람들은 갈수록 늘어났다.

　백발의 할머니도 가던 걸음을 잠시 멈추고 깡통에 동전을 던졌다. 예쁘장하게 생긴 노랑머리의 여대생도 깔깔거리며 점박이를 어루만진 뒤 깡통에 동전을 넣었다. 기타를 메고 가던 꽁지머리도 우하하, 웃음을 터뜨리며 깡통에 동전을 골인시켰다. 심지어 푸들 한 마리를 안고 가는 어떤 은발의 노신사는 시퍼런 지폐 한 장을 깡통에 떨어뜨렸다. 지폐를 본 점박이는 벌떡 일어나 앞발을 들고 펄쩍펄쩍 뛰었다.

　얼마 지나지 않아 점박이와 깡통이 연출하는 풍경으로 인해 광장엔 웃음꽃이 만발했다. 그러나 점박이는 고민이었다. 어스름이 내려도 주인은 도통 오지 않았다. 점박이는 깡통을 버려 두고 대합실로 내달렸다.

　길견도는 정신없이 자고 있었다. 점박이는 주인의 바짓가랑이를 물고 몇 번이나 흔들었다. 그제야 길견도는 몸을 뒤척였다. 겨우 의식을 차린 길견도는 눈을 비비고 일어났.

　대합실 밖으로 나오자 가로등에 불이 들어온 것을 알았다. 멀리 보이는 행운 예식장의 유리창마다 불빛이 환하게 빛나고 있었다. 광장 앞 대로에는 퇴근하는 차량들로 북새통을 이루었다. 주인이 움직이자 점박이는 기분이 좋아서 앞서거니 뒤서거니 하며 혀를 길게 빼물고 날뛰었다. 깡통 앞에 선 길견도는 눈을 쓰윽 비볐다. 다시 깡통 안을 쳐다보았다. 눈이 번쩍 뜨였다. 깡통 안은 지폐와 백 원짜리, 오백 원짜리 동전들과 천 원짜리 지폐도 들어 있었다. 유심히 살펴보니 만 원권 지폐도 한 장 들어 있었다. 입을 딱 벌린 채 길견도는 점박이를 쳐다보았다. 점박이는 꼬리를 살랑살랑 흔들며 앞다리를 들어 누런 몸통을 깡충거리며 길견도의 무릎을 긁어 대었다. 찰라, 길견도의 머릿속에 한줄기 빛이 새마을호보다 빠르게 스쳤다.

 이튿날 아침, 길견도는 깡통에 비닐 노끈을 달았다. 작업을 마친 길견도는 깡통을 들고 점박이와 함께 구걸 현장으로 갔다. 계단참에 이르자 비닐 노끈을 점박이의 목에 건 뒤 깡통을 바닥에 놓았다. 그런 다음 동전 몇 개와 천 원권 지폐 한 장을 깡통에 집어넣었다. 점박이의 머리통을 쓰다듬던 길견도는 그 자리를 피해 적벽돌담 곁에 놓인 벤치로 가서는 계단 아래의 점박이와 깡통을 몰래 훔쳐보았다.

 둘이 있을 때와 달리 깡통에 동전을 던지는 행인들의 숫자가 많았다. 게다가 점박이를 쓰다듬으며 동전을 던져 넣는 행인들도 적지 않았다. 길견도는 놀라서 눈을 부릅떴다. 길견도는 머리를 끄덕인 뒤 대합실의 화장실로 들어가 숨겨 둔 비누를 꺼내어 머리도 감고 세수도 했다. 실로 오랜만에 씻어 보는 얼굴이었다.

 점심때가 되어 길견도는 점박이에게 갔다. 점박이는 주인이 나타나자 꼬리를 치며 반갑게 맞아 주었다. 길견도는 점박이의 머리통을 몇 번이고 쓰다듬어 주었다. 동전과 지폐를 챙긴 길견도는 점박이를 데리고 풍물거리의 포장마차들을 지나 슈퍼로 향했다.

적벽돌담에 둘러싸인 자신의 전용벤치로 돌아온 길견도는, 사발면 하나는 자신이 먹고 또 하나는 점박이에게 주었다. 둘은 약속이나 한 듯 국물 하나 남기지 않고 사발면을 다 비웠다.

분수대 주변에서 긴 꽁초 하나를 주워 불을 붙인 길견도는 느긋하게 점박이와 함께 광장을 한 바퀴 돌았다. 2층의 무궁화호 대합실에 들러 먹다 남긴 커피를 주웠다. 커피는 따뜻한 김을 내뿜고 있었다. 길견도는 커피를 바닥에 조금 따랐다. 점박이는 꼬리를 살래살래 흔들며 커피를 날름거렸다.

이윽고 점박이에게 깡통을 맡긴 길견도는 몰래 숨어서 점박이를 엿보았다. 도무지 믿기지 않는 광경이 또다시 벌어졌다. 이런 실험을 몇 번이고 거듭했다. 길견도는 마침내 그 '조금'이라는 것을 확신할 수 있었다.

적벽돌담의 벤치에 숨어 점박이의 동냥을 지켜보던 길견도는 늘 그렇게 하기가 힘들었다. 그래서 어느 날 점박이에게 가까이 다가가 보았다. 같이 깡통 옆에 있으니 동전을 던져 넣는 횟수가 조금 줄어들었다. 이번에는 점박이와 조금 떨어져 앉아 있어 보았다. 그러자 점박이가 혼자 있을 때와 별반 차이가 없었다. 그제야 길견도는 점박이와 같이 있되 조금 떨어지자, 라고 생각했다.

어느 날 주정뱅이와 석탄이 지하도를 건너다가 길견도와 점박이의 구걸 현장을 보았다. 깡통 속에 적지 않게 들어 있는 돈을 본 주정뱅이와 석탄은 동시에 깡통에 손을 집어넣었다. 점박이가 이빨을 드러내며 으르렁거렸다. 놀란 주정뱅이와 석탄은 움찔하며 뒤로 물러났다. 길견도는 그런 점박이의 머리통을 쓰다듬어 주었다. 주정뱅이와 석탄은 점박이를 한참 노려보더니 광장으로 비실비실 걸어갔다.

점박이와 구걸을 시작한 지 채 두어 달도 안 되어 길견도는 상당한 수입을 올릴 수 있었다. 놀라운 일이었다. 아니, 이해할 수 없는 일이기도 했다. 본인이 구걸을 할 때는 진종일 앉아 있어도 겨우 한 주먹도 안 되는 동전뿐이었는데 어떻게 개가 구걸하기 시작하자 지폐까지도 던져 넣을 수 있는지 길견도는 도무지 알 수 없었다.

한 달 뒤 길견도는 휴대용 버너와 코펠을 샀다. 부지런히 구걸한 덕분이었다. 길견도도 얼굴에 생기가 돌았지만 비쩍 말랐던 점박이도 뼈에 살이 조금 붙었다. 역 광장이 존재하고 지하도가 무너지지 않는 한 길견도와 점박이의 동업은 끄떡없을 것이었다.

길견도는 '조금'만 해결된다면 버스 정류장 근처에서 양말을 파는 노점상들처럼 자신도 그 사업을 할 수 있을 것이었다. 그렇게만 된다면 영주동 산꼭대기에 단칸방을 하나 얻어 영구 거주할 수도 있으리라.

단칸방에서의 점박이와의 단란한 동거생활. 비로소 길견도는 '조금'이라는 것에서부터 희망의 싹을 틔울 수 있었다. 따뜻한 방에서 이불을 덮은 채 점박이를 끌어안고 잠을 자는 꿈. 길견도는 하루하루가 가슴이 뛰었다. 그렇게만 된다면 썩은 어금니도 뺄 수 있을 것이고 동상으로 욱신욱신한 오른쪽 엄지발가락도 치료할 수 있을 것이었다.

길견도는 정성을 다해 점박이를 돌보았다. 자신은 세수를 하지 않을지언정 점박이의 털은 닳도록 매만졌다. 지하도에 웅크리고 잠을 잘 때도 점박이를 꼭 끌어안고 잤다. 점박이를 껴안으면 따스하고 포근했다. 그 따스함은 때에 절은 담요에 비할 바가 아니었다.

한 달 뒤, 길견도는 해진 담요와 라면 박스 신세를 청산할 수 있었다. 자갈치까지 가는 피곤함을 무릅쓰고 등산용 스프링 백을 하나 샀던 것이다. 버너와 코펠만 숨겨져 있던 길견도의 전용 화단에는 스프링 백이라는 품목이 하나 더 추가되었다.

    식생활과 잠자리가 조금씩 해결되자 길견도의 희미했던 의식도 차츰 되살아나기 시작했다. 막연했던 것에서 선명한 것으로 정신은 점점 들어갔다. 이런 식의 생활이 계속된다면 어쩌면 온전한 정신을 되찾을 수도 있을 것이었다.

    여름이었다. 따뜻한 계절이 돌아오자 길견도와 점박이는 생활하기가 훨씬 편리했다. 초복이 지나자 폭염은 사정없이 계속되었다. 작년과는 달리 비 한 방울 구경하기 힘들었다. 분수대 주변을 맴돌던 길견도는 에어컨이 위력을 발휘하는 대합실에서 시간을 때우는 경우가 많았다.

    그날도 대합실에서 에어컨 바람을 쐬며 한잠 늘어지게 자고 일어난 길견도는 지하도 입구의 계단참으로 느긋하게 걸었다. 조금만 더 가면 점박이가 꼬리를 치며 길견도를 반겨 줄 터였다.

    그런데 이게 무슨 일일까. 텅 빈 깡통만 한쪽 구석에 나뒹굴 뿐 점박이는 보이지 않았다. 길견도는 광장으로 나와 주위를 살폈다. 없었다. 광장호텔 근처까지 가 보았지만 발발이나 누렁이들만 빈둥거리며 돌아다닐 뿐 점박이는 눈에 띄지 않았다. 길견도는 이마에 식은땀이 나기 시작했다. 풍물거리로 다시 접어든 길견도는 머리가 어질어질했다. 길견도는 눈을 부라리고 안간힘을 다하여 점박이를 찾아다녔다.

    정발 장군 동상 부근을 기웃거리던 길견도는 광장으로 돌아와 분수대 주변을 빙빙 돌았다. 그래도 점박이는 나타나지 않았다.

    어느 날 포장마차에서 주정뱅이와 석탄이 쓰윽 나타났다. 길견도는 두 놈의 입에서 마늘 냄새와 술 냄새가 진동하는 것을 알았다. 그때 행인 둘이 지나가며 떠들었다.

"어디서 나는 보신탕 냄새지?"

"저 노숙자 놈들 입에서 나는 것 같은데!"

그러나 길견도는 점박이만 생각하느라 그 어떤 소리도 들어오지 않았다.

이튿날도, 그 이튿날도 점박이를 찾아 헤매던 길견도는 광장에 발발이든 누렁이든 개만 나타나면 점박이인 줄 알고 미쳐 날뛰었다.

길견도는 식음을 전폐하고 헤매다가 분수대 근처에 쓰러지고 말았다.

햇볕이 불을 뿜는 대낮이었다. 분수대 곁 적벽돌담 사이의 화단 속에서 행려병자의 시신 하나가 나왔다. 시신 곁엔 찌그러진 깡통 하나가 나뒹굴고 있었다. 재고정리·폭탄세일이란 문구가 찍힌 전단지 쪼가리가 시신의 얼굴을 잠시 덮었다간 어디론가 날아갔다. 행인들은 노숙자가 대낮에 술 처먹고 뻗었다고 눈살을 찌푸리며 대수롭지 않게 그 곁을 스쳐 지나다녔다.

적벽돌담과 몇 미터도 떨어지지 않은 분수대에서는 시원한 물줄기가 그지없이 맑은 하늘로 연신 치솟고 있었다. 드넓은 광장에는, 분수대 돌의자에 앉아 시간을 때우는 사람들, 시계탑 주위를 서성거리는 사람들, 광장과 간선도로 사이에 놓인 인도에서 버스나 택시를 기다리는 사람들, 그들 곁에서 좌판을 깔아 놓고 양말이나 티셔츠를 파는 장사꾼들, 급하게 역사로 뛰어가는 사람들, 공영 주차장에 차를 대는 사람들, 임금 인상을 부르짖는 한패의 노동자들, 느티나무들 사이에 불전함을 놓고 목탁을 두들기는 스님들, 무궁화호 대합실로 오르는 언덕배기의 중턱에 서서 예수를 찬양하는 성가대 등 무수한 사람들이 널

려 있었지만 누구도 그 주검을 눈치채지 못했다.

　소주병을 든 채 무심코 시신 곁을 지나치던 주정뱅이와 석탄이 각각 병나발을 불며 사이좋게 한마디씩 내뱉었다.

　"어, 저놈은 길견도 아니야?"

　"짜아식, 저기 나자빠졌지."

　둘은 횡설수설하며 풍물거리 쪽으로 사라졌다.

　오후 두 시경 빗자루를 들고 분수대 곁 화단 주위를 돌던 시청 청소부가 시신 하나를 발견했다. 얼마 후 앰뷸런스와 경찰 패트롤카가 소리 없이 광장으로 들어섰다. 시신은 가차없이 앰뷸런스에 실렸다. 긴급구조 사이렌을 요란하게 울리며 앰뷸런스는 분수대를 떠났다. 광장 곳곳에서 모이를 쪼아대던 비둘기들이 떼거지로 하늘로 날아올랐다. 하염없이 광장을 맴돌던 비둘기들 중에서 갑자기 두 마리가 무리를 이탈하더니 영주동 산꼭대기를 향해 앞서거니 뒤서거니 하며 날갯짓을 했다.

　얼마 후 새마을호를 짓밟고 들어선 케이티엑스라는 이름의 열차 한 대가 프랑스에서 도입한 무한속도를 자랑하며 부산역 플랫폼에 늘씬한 몸매를 드러내었다.

제4부

동문가족

박상수 (10회 이상문 부인)

벌새와 나 외 3편

숨소리가 들린다

만물이 깨어나
고운 바람 사이로
봄 이야기를 전한다

앞만 보던 눈길을 돌려
하늘 높이
휘 세상을 둘러본다

벌새의 빠른 날갯짓처럼
희망을 향한
땀방울 날갯짓으로
훨훨 비상하리라

지난 세월을

마음에 깊이 아로새기며

비나리

벌새는 달콤한 꿀을
나는 예순의 꿈을

각시붓꽃
-두 번째 꿈 이야기

마음이 나를 흔든다

머릿속에서 연주되는
"아드린느를 위한 발라드"

마음을 지우는 지우개인 듯

뜬눈으로 밤을 지새우다가
깜빡 잠든다

이름 모를 야산자락
힘겹게 오르니

공곡공음空谷跫音처럼
반가운 소식이 오려는 듯

보랏빛 가득 만개한
각시붓꽃

되찾아가는 나의
풍요로운 삶을 위해

웃으며 눈을 뜬 3월의 아침

오월의 소리 2

"어머니~"
익살스럽게 부르던
키 큰 아이 옆에서
"오빠~"
재잘대는 땅꼬마

외경이 아름다운
카페 구석진 자리에 앉아

바람을 만난
나뭇잎들의 수다를 엿듣는다

침샘을 자극하는
얼음 섞이는 소리

마음을 여는
짜릿한 커피 이야기

사랑스런 둘의 모습

짙은 향기는
나의 깊은 애정을
함께 마시게 합니다

어머니의 은비녀

양지바른 곳 어딘가에서
그 옛날 어머니가 주신 책
"아낌없이 주는 나무"

낡은 책장을 넘기며
속삭이듯 막내딸 부르시는
어머니를 뵙습니다

어느 날엔가
또 어느 날엔가에도
문득 그리워지는 어머니

곰삭은 황석어젓갈
양재기에 쪄서
밥 한술에 얹어 드셨던 어머니

그 향기가
그 맛이 그립습니다

세월이 느껴지는 책갈피

반백의 나이를 훌쩍 넘긴

열다섯 소녀는
쪽진머리에
은비녀가 고왔던 어머니를
긴 한숨으로 느껴 봅니다

수필

이옥순 (9회 신세용 부인)

가자미 발라 먹는 법 외 1편

참가자미를 머리부터 꼬리까지 통째로 노릇하게 구웠다. 먹을 사람은 나 혼자다. 혼자의 시간이 오기를 은근히 기다렸는데 막상 기회가 오니 의미 있게 보낼 수 있을지 기대된다. 생선을 머리부터 꼬리까지 통째로 먹는 것처럼 하루를 그렇게 알차게 보내고 싶다.

그동안 생선을 굽기는 해도 잘 먹지는 않았다. 젓가락질이 서툴러 손으로 가시를 바르는 게 귀찮았다. 어쩌다 손으로 생선을 바를 때는 아이들 입에 넣어주기 위해서였다. 가끔 남편이 가시 발라낸 생선살을 내 숟가락 위에 얹어주었다. 딸들에게는 더 자주 그랬다.

남편은 생선을 무척 좋아한다. 바다에서 나는 건 무엇이든 그냥 지나치지 못할 정도다. 삼일만 생선비린내를 맡지 않으면 입에 가시가 돋친다며 생선을 찾아 코를 벌름거린다. 그는 좋아하는 만큼 생선살을 잘 바른다. 젓가락만 가지고도 깔끔하게 접시를 비운다. 머리부터 꼬리까지 계획성 있게 먹는다. 마치 그의 일과처럼 생선을 먹어간다.

남편은 일과에 충실하다. 허둥지둥 아침을 보낸 적도 없고 매일 이른 시간에 출근한다. 잠자리에 들 적당한 시간을 어길 만한 일을 만든

적도 없다. 무슨 일이든 정해진 시간보다 일찍 시작한다.

아이들 역시 하루하루를 생선 발라 먹는 일처럼 살기를 바랐다. 딸아이가 생선을 대충 먹으면 큰일이라도 난 것처럼 야단이었다. 섭취해야 할 영양소가 머리와 꼬리에 더 많이 들어 있을 것 같아 조바심을 냈다. 행여 놓치는 것이 있을까 두 팔을 걷어붙이고 생선을 발라 입에 넣어주려고 애썼다. 그러다 보니 힘이 들었다.

하루만이라도 아무 일에도 신경 쓰지 않고 혼자 지내봤으면 했는데 갑자기 빈 하루가 내 앞에 놓였다. 아이는 여행을 가고 남편은 출장을 갔다. 나에게 주어진 오늘을 어떻게 요리해볼까 궁리가 많았다. 부엌에 들어갈 일도 없고 집을 흩트려 놓을 사람도 없다는 사실이 여유를 주었다. 아침으로 커피와 빵을 먹고 오전 나절을 길게 보내고 점심때가 되었다.

가자미를 구워 점심을 차렸다. 가자미 살이 나의 하루처럼 투명했다. 커피에 부대껴 쓰린 속을 달래기엔 그만인 밥상이다. 나물 한 번, 샐러드 한 번, 가자미를 먹어야 하는데 젓가락이 쉬 가지 않았다. 다른 반찬만 연속 먹었다. 가자미에 젓가락을 대지 못하고 밥을 다 먹고 말았다.

젓가락을 내려놓고 손으로 가자미를 먹기 시작했다. 머리부터 꼬리까지 어떻게 하면 잘 발라먹을 것인가가 문제였다. 살이 도톰한 가운데 부분은 먹을 만했다. 아가미에 붙은 종잇장같은 살을 발랐다. 그러고는 머리를 이리저리 뒤집어 보았다. 생선 머리와 꼬리의 살 바르는 일은 만만치 않았다.

접시에 적당히 발라먹은 가자미가 널브러져 있다. 잠시 이대로 던져버릴까 갈등했다. 왜 나는 생선을 잘 발라먹지 못하는가. 생각을 가다듬고 다시 생선 머리를 잡았다. 바르는 동안 입이 심심한 것을 참을 수 있을 만큼 머릿살은 쫀득하고 고소했다. 가자미는 가운데 살도 맛있지만, 꼬리와 머리에 더 맛있는 살이 붙어 있었다.

생선 꼬리처럼 쫀득하고 고소한 오후가 남았다. 낮잠도 자고 해질녘 멍하게 앉아 서쪽 하늘도 바라보리라. 가자미 한 마리를 혼자 차지하고 발라먹어보기는 참 특별하고 귀한 일이다.

단감과 떫은감

학교에서 돌아오면 어머니는 계시지 않았다. 뒷골 밭에 계실 어머니를 긴 소리로 불러 본다. 섬돌 위에 신발이 없으니 빈집이라는 것을 알면서도 허전한 마음을 달래기 위해 그냥 한번 불러보는 것이다. 방문을 열어 본다. 부엌으로 들어가 매달려 있는 보리쌀 바구니도 당겨본다. 선반의 떡 동구리도 들쳐보고 마지막으로 솥뚜껑을 열어 봐도 먹을 것이 없다. 어머니의 목소리를 들을 수 없고, 먹을 것도 없으니 허전하다.

늘 그랬듯이 감나무 밑으로 간다. 감꽃이 필 때면 감꽃 목걸이를 만들어 목에 걸었고, 소꿉놀이를 할 때는 풋감을 따서 밥을 만들고, 감잎을 짓이겨 반찬을 만들며 놀았던 곳이다. 감이 채 익기도 전에 도사리 감이라도 먹고 싶으면 이른 아침 눈을 비비며 찾던 곳이기도 하다. 어느 날은 친구가 나보다 먼저 떨어진 감을 주워 가버리는 날도 있었다. 먹을 것이 귀하던 때라 학교에 가기 전에 아이들은 감을 주우러 다녔다. 가을이 되면 홍시감이 있나 찾기 위해 목뼈가 아프도록 감나무를 올려다 본다. 말갛게 투명해진 색깔로 봐서 홍시인 듯해 따 보면 아직 덜 익은 감이라 실망할 때도 있었다.

우리 집 감나무에는 단감과 떫은감이 같이 열렸다. 이것이 이상하면서도 친구들에게는 자랑거리였다. 어른이 되어서 그 내력을 알게 되었지만, 아버지는 젊어서 두 가지인 감나무 중 한 가지에만 단감나무 접을 붙이셨다는 것이다. 그것을 바라보던 어머니가 두 가지 모두 단감나무 접을 권하자 빙긋이 웃기만 하셨단다. 그런 것도 모르고 나는 어느 정도 나이가 들도록 우리 집 감나무는 특이해서 두 종류의 감이 열린다고 자랑을 했다. 나무가 커서 두 줄기가 서로 뒤엉킨지라 그럴 만도 했다.

나는 단감과 떫은감을 구별할 수가 없었다. 단감 하나를 먹기 위해 애먼 감을 수없이 따야 했다. 운이 좋은 날은 한두 번 만에 단감을 딸 수도 있었지만, 열 개를 따도 떫은감만 걸려들어 힘이 빠질 때도 있다.

단감 따는 것을 포기하고 장독대로 가 항아리를 열면 도사리감이 있었다. 단감 맛에는 못 미치지만 나의 미각을 채워 주었다. 항아리마저 비었을 때는 풀숲을 헤쳐 홍시를 찾았다. 단감이려니 하여 땄다가 실망하고 내던진 것이었다. 던져버린 감이 며칠 지나면 홍시로 변해 있었다. 우선 마음에 들지 않는다고 던져 버린 것을 후회하는 순간이었다.

살면서 마음에 들지 않는다고 던져 버린 것들을 생각해 본다. 첫 맛이 달지 않았어도 우려먹을 수도 있고 홍시를 만들어 먹을 수도 있었다. 그런데 그때는 우선 입에 달지 않으니 던져 버렸던 것이다. 이렇듯 처음부터 마음에 와 닿지 않는다고 외면 버린 사람도 더러는 있을 것이다.

맞선을 봤을 때의 일이다. 소위 말하는 좋은 조건을 갖췄다는 소개를 받고 나갔다. 듣던 대로 인물도 괜찮고 예의도 바른 사람으로 보였다. 물론 돈 걱정은 하지 않아도 된다고 했으니 의심할 여지가 없이 딱 마음에 들었어야 했다. 그런데 그 사람의 양말에 눈이 갔다. 옷차림과는 대조적으로 하얀색 양말을 신고 있었다. 다방에 마주앉아 있는 내내 그 양말에 신경이 쓰였다. 짙은 색 옷차림에 하얀 양말이라니 떨떠

름했다. 결국 그 흰 양말은 내 마음의 혀에 떫은맛으로 느껴졌다. 떫어서 던져 버린 그 감은 지금 어느 풀숲에서 달콤하게 홍시가 되어 있을지도 모를 일이다.

그때는 어려서 단감을 바로 찾아낼 수 있는 눈이 없었다. 홍시가 되도록 보관하지도 못했다. 우려먹으면 된다는 생각도 하지 못했다. 항아리에 넣고 뜨뜻미지근한 물을 부어 이불을 덮어두면 단감처럼 맛있는 감이 된다는 사실을 몰랐기에 단감만을 고집했던 것 같다.

지금 나는 많은 사람들과 잘 지내고 있다. 감나무에서 완전한 단감을 땄을 때처럼 처음부터 기분 좋게 했던 사람도 있다. 처음엔 맛이 없어 던져두었는데 어느새 달콤한 홍시가 되어 나를 반성하게 하는 사람도 있다. 우려낸 감처럼 떫은맛이 없어져 처음부터 단감이지 않았을까 싶도록 깊은 맛이 나는 소중한 친구도 있다.

문득 아버지의 얼굴이 떠오른다. 어머니의 권유를 웃음으로 흘리시며 두 가지 중 한 가지에만 단감나무 접을 붙이신 아버지. 세상의 모든 것들이 함께 어우러져 살고 있음을, 그리고 그렇게 함께 어우러져야 함을 자식들에게 가르치려던 그 깊은 뜻을 미혹한 딸은 오늘에야 터득한다.

"새집 지었으니 감나무 한 주는 심어라."

지난번 찾아뵈었을 때에 하신 말씀이 생각난다. 분명 아버지는 두 종류의 감이 열리는 감나무 묘목을 해 놓으셨을 것이다. 내년 봄에는 모르는 체하고 아버지에게 감나무 한 주를 골라 달라고 해야겠다.

사람들에게 나는 처음부터 단감이었을까. 단감이 아니었다면 지금은 잘 우려진 감 맛이라도 나는지 나 자신을 되돌아본다. 무슨 맛이 되었든 다른 이에게 부담 주는 맛만 아니었으면 하는 바람을 가져 본다. 조금 더 욕심을 내본다면 별나지 않고 누구에게나 호감을 주는 수수

한 맛이었으면 좋겠다. 그리하여 단감과 떫은감도 함께 안아 들이는 지혜가 있기를 소망하면서.

제5부

백일장 입상작

달

달은 그리우도록 조용하다
마치 고개 들어 들여다보기 전까진
하늘에 떠 있었단 것조차 모를 정도로

달은 그렇게 떠 있었다

그리운 얼굴과 동심원인 것처럼 달은 떠서
그리운 감정과 생각은 달빛처럼 나에게 닿아 왔다

달이 날마다 기울어가듯
나는 날마다 그리운 얼굴을 보았다

동그랗게 차오른 감정들이
날이 갈수록 기울어져서는
보면 볼수록 달도 기울어져서
별들이 흘러내렸다

떠나는 새에게

새야 그곳은 위험하단다
온갖 재앙과 괴물이 도사리고 있단다

새야 너는 죽을지도 모른단다
그곳은 너에게 자비를 베풀지 않는단다

새야 그것이 그리도 중요해 보이더냐
막상 얻고 나면 별 가치가 없을지도 모른단다

그래도 가야만 하느냐

좋다
축복도 응원의 말도 긍정도 해줄 수 없지만
이 말만은 해주마

이것은 너의 선택이다
내가 스스로 판단하고 행동한 것이다
이것을 잊지 말려무나

너는 더 이상 나의 작은 새가 아니구나

가족, 어느 아침

교내백일장 **시 부문 은상 조우의** 3학년 7반

밤새 깔린
어둠의 부스러기들을
행주로 닦아내고

정결한 식탁에
희망을 차린다

그릇이 부딪힐 때마다
가슴에도 달그락거리는
그 웃음 소리

마주앉은 가족의 눈 속에서
사랑의 언어를 꺼내
양식을 심는
어느 아침

내 가족, 내 엄마 아빠

내 가족을 생각하면 내 엄마와 내 아빠가 생각난다. 그리고 참 드라마같이 살아왔다는 생각이 든다. 내 가족은 순탄치 않게 살아왔다. LG증권사를 다니던 아버지의 명예퇴직 이후 아버지의 주식 실패, 사기보험사 웅진코웨이, 조선소, 대리운전, 택시운전을 전전하며 일정한 직업을 가지지 못했던 아버지의 방황, 할아버지의 치매와 가출, 아버지의 명예퇴직 이후 집안일과 가장 역할을 해 오신 어머니의 암 그리고 항암치료 그리고 중간에 있었던 주식 실패 이후 있었던 외삼촌의 이혼 권유까지 정말로 내 가족은 순탄치 않게 살아왔고 드라마같이도 살아왔다. 그래서 내 가족을 생각하면 내 엄마와 내 아빠가 생각난다. 내 엄마는 가정을 지키며 문제를 책임졌다. 가장 기억에 남는 말이 있다.

아버지의 주식 실패 이후, 외삼촌의 이혼 권유에서 있었던 말이다. 아버지의 주식 자금은 명예퇴직금과 담보 대출, 사채로 되어 있었다. 그러한 면을 보면 외삼촌의 이혼 권유는 무리도 아니었고 오히려 합리적이었다. 외삼촌은 엄마에게 넌 아직 젊고 간호사로 유능하다. 다시 시작하면 아직 가능하다며 엄마를 설득했다. 맞는 말이었다. 엄마는 40대 초반이었고 간호사로 전문직이었다. 재혼이 가능한 스펙이었다. 그럼에도 엄마는 그러지 않았다. 아직도 그 말은 기억이 난다.

이 결혼도 내 선택이었고 형과 나 두 아들을 낳은 것도 내 선택이었다. 모든 선택에는 책임이 있고 나는 형과 나 두 아들을 자기 앞가림을 할 수 있을 때까지 키워야 할 책임이 있다 그래서 이혼할 수 없다 라고 말했다. 형과 나 두 아들을 책임지기 위해 이혼하지 않으신 것이다.

 글로만 보면 엄마는 정말 강하기만 한 것 같다. 하지만 난 보았고 안다. 엄마는 아버지의 주식 실패를 아셨을 때 울었고 이 대답을 할 때도 울었다. 아버지가 사기를 당하셨을 때도 울었다. 그때에 나의 물음에 답할 때에도 목소린 잠겨 있었다. 그리고 암 선고를 받으셨을 때도 울었다. 그런 말이 있다. 여자는 약하지만 어머니는 강하다. 틀린 말이다. 엄마도 약하다. 엄마는 책임을 지는 과정에서 강해 보였을 뿐이지 아픔은 다른 사람과 다를 바 없었고 티 안 내며 혼자 모두 견뎠을 뿐이다. 이 일로 나는 강인함과 책임감이라는 큰 것을 어머니에게서 배웠다. 그리고 내 엄마를 생각하며 떠오르는 게 하나 더 있다. 항암이다.

 암, 흔히들 답답한 것을 보면 암 걸린다는 표현, TV 속 3명 중 1명이 암에 걸린다는 보험 광고, 생각보다 나는 암이란 걸 많이 듣고 살았다. 하지만 나와는 상관없는 일이라 생각했다. 어느 날 주말이었다. 저녁이었는데 엄마가 가슴에 무언가 만져진다는 거였다. 그러곤 나보고 만져보라 했고 나는 그게 이상한 것이라 생각하지 않았다. 별 거 아닌 줄만 알았다. 엄마는 진지했다. 이후 검사를 받았고 덩어리가 있다는 결과를 받았다. 이후 조직 검사에서 암으로 판명 났다. 그때도 나는 실감이 안 났다. 왜 그런 말이 있지 않은가? 지인의 장례식에서는 실감이 나지 않아 눈물이 안 났는데 장례식이 끝나고서야 눈물을 흘렸다고. 나도 그런 것 같았다. 하지만 이후 항암 치료를 시작하면서 실감이 났다.

 엄마는 해운대 백병원에서 입원하시다 집으로 왔는데 입원했을 때만 해도 심각성을 잘 몰랐다. 엄마는 집에 오면서 가발을 사오셨고 병원에 출근할 때면 가발을 쓰고 갔다. 그때도 잘 몰랐다. 그런 생활이 반복됐고 엄마가 항암 치료를 받고 온 날이었다. 그날, 엄마는 나보고 등을 밀어 달라 했다. 그래서 등을 미는데 몸에 피멍이 들어있고 겨드랑이 쪽 살이 패여 있었다. 그제야 실감이 났다. 수술한 쪽 팔에 힘을 못 쓴다며 김치통을 들어달라던 기억, 가발을 쓰면 땀이 차서 갑갑하다고 했던 기억, 입원실에 있었던 기억, 여러 기억들이 났고 엄마와 있을 시간이 정말 조금밖에 남지 않았을지도 모른다는 생각이 났다. 여러 글이 떠올랐다. 부모님 장례를 치렀는데 잘 해드린 게 없어서 같이 한 기억이 없어서 죄스럽다는 글, 부모님도 사람이라 죽는다. 같이할 것을 미루지 말고 지금 같이해라는 글, 실감이 났다.

  주말이면 엄마랑 온천천을 걷는데 이 또한 유한할 것이다 생각하니 소중하게 느껴졌다. 그리고 내 아빠, 밉기도 하지만 나름대로 존경도 되는 내 아빠이다. 아빠는 어려서부터 할아버지가 가정폭력이 있었다 한다. 그럼에도 동아대 진학 후 LG증권에 학교에서 혼자 붙어 플래카드도 붙었다 한다. 그런 면에서 환경을 극복하고 성공하는 게 존경스럽다. 하지만 명예퇴직 이후, 주식실패를 겪고 사기를 당하는 등 약하고 어리숙한 모습을 보여주기도 했다. 이후에 보험사, 웅진코웨이, 조선소, 대리운전, 택시운전 등 정착치 못하고 방황하는 모습도 보여줬다. 모든 사람은 잘한 점과 오점이 있듯 아빠도 그런 것같다.

  아빠는 그러한 상황 속에서도 포기치 않고 구직 활동하셨고 사무직, 생산직, 인식에 신경 쓰지 않고 할 수 있는 일을 찾았다는 점에서 강인하고, 끈기 있고, 현실성 있는 게 배울 만하다 생각된다. 그리고 아빠는 실패한 경험을 바탕으로 다시 주식을 공부하고 투자를 하고 있는데 아직도 정신 못 차렸다 욕할 수도 있지만, 나는 다시 공부하고 분석해 도전하는 부분은 전공을 포기치 않고 꾸준히 밀고 나간다는 점, 포기하지 않고 배움을 다시 하는 점이 배울 만하고 좋다고 생각한다.

  나는 아빠를 이해한다. 나는 아빠를 안다. 남들 눈에는 가정을 망치고 아직도 미련이 남은 한심한 남자일지도 모른다. 하지만 나는 아빠가 서툴러도 나와 형에게 다가가고자 하는 거, 조용히 집안일을 거들고 엄마에게 살갑다는 거, 대리운전을 하며 보탬이 되고자 한다는 거 나는 안다. 그리고 아빠는 능력이 모자랄 수는 있어도 본성이 나쁘지 않다는 거 나는 안다.

  많은 사건과 시련이 있었다. 그래도 우리 가족은 이겨냈다. 우리는 많은 사건, 시련을 이겨내며 서로를 이해하고 보듬을 수 있었다. 아무리 미워도 가족은 가족인 거 같다. 이 글을 읽고 가족을 이해하고 관계가 개선되었으면 한다. 마지막으로 우리 가족도 드라마 엔딩처럼 해피 엔딩으로 끝났으면 바란다.

박승열의 17년

이야기는 동생 박승열의 이야기를 철저히 형인 나의 입장에서 적은 것이다. 동생이 태어나던 날에 사건이 있었다고 한다. 나랑 같이 고모댁에 왔는데 갑자기 산통이 와서 급하게 나를 고모에게 맡기고 병원으로 가셨고 이야기의 주인공인 박승열(내 동생)이 이 세상에 처음으로 등장하게 되었다.

완전 꼬맹이 때의 그 녀석에 대한 기억을 꼽자면 아마도 유치원 때가 아닐까 싶다. 바야흐로 박승열 6세 시절, 그는 삼계유치원의 인기남이었다. 여자애들이 막 짝꿍 서로 한다고 싸우다 우는 사태가 발생했으니 말이다. 그중 가장 기억에 남는 아이는 아마도 원장선생님 조카 노00양일 것이다. 동생을 맨날 쫓아다니며 순애보를 펼친 아이인데 이 순애보는 동생이 초6이 될 때까지 이어졌다. 난 인기가 없었던지라 잘 모르겠다. 그 무렵에 남아있는 기억은 동생의 유치원 버스를 기다리던 일이다. 나는 8살이 되어서 초등학교에 입학했지만 걔는 아직 6살이라 집에서 저녁 준비하는 엄마를 대신해 동생을 집으로 데려왔다. 손 꼭 잡고 집으로 가는데 그때가 제일 귀여웠다. 이때까지는 뭘 해도 동생이 귀여워 보였던 것 같다.

박승열 군이 초등학생이 된 때에 서서히 갈등이 시작되었다. 형제라면 꼭 한번은 겪게 된다는 기싸움이었다. 나보다 2년이나 늦게 태어났으면서 짜증나게 잔소리를 했다. 그래서 화가 나서 뭐라 하고 있으면 항상 그 시기 쯤에 엄마가 등장하고 나만 혼이 나곤 했다. 형이 동생한테 모범을 보이라면서 꾸중을 듣는 순간에도 뒤에서 얄미운 시누이 마냥 거드는 동생을 진심으로 때릴까 했지만 난 싸우는 것도 때리는 것도 싫어서 포기를 했다. 그래서 훗날 나는 동생과의 기싸움에서 패배를 하게 된다. 물론 싸우기만 하지는 않았다. 부모님이 폰을 안 사주셔서 동생이랑 게임, 체스, 장기, 오목, 알까기, 젠가 등 여러 가지를 하며 알차게 놀곤 했다. 또 내가 동생보다 공부를 잘해서 동생이 모르는 내용을 가르쳐 주는 똑똑한 형의 모습도 있었다. 나는 공부를 열심히 했는데 동생은 해도 안 되는 건지 안하는 건지 모르겠지만 성적이 영 별로였다. 엄마는 애기 때 나는 책을 많이 읽어줬는데 승열이도 읽어주려는데 내가 너무 울어서 못 해준 거라 쟤 머리 안 좋은 거는 니 책임이라는 말을 하셨고 나는 인정해버렸다. 아무튼 그 머리 나쁜(?) 동생이 중학교에서 특정 사건을 계기로 공부를 열심히 하게 된다.

　동생이 중학교 1학년 때는 여태까지와 마찬가지로 공부 안했다. 엄마는 동생을 슬슬 놓는가 했다. 물론 중학교 시기에 못 놀면 놀지를 못하니까 그럴 수도 있지만 수학 40점 받고 좋아하는 녀석의 모습은 아직도 충격적이다. 내가 고2가 되고 그런 박승열이 중3이 되던 때에 공부를 하기 시작했다. 나는 그 바보가 공부한단 말에 깜짝 놀라서 엄마에게 슬쩍 물어봤다. 엄마는 승열이가 좋아하는 처자가 있다고 하셨다. 근데 그 여자애가 공부도 엄청 잘하고 전교회장에 이쁘기까지 해서 수준 맞추겠다고 저러고 있다는 엄마의 말을 들으며 나는 저 녀석이 순정파구나 하는 생각이 들었다. 뭘 해도 미동도 없던 동생이 사랑 땜에 공부한다고 하니까 난 그 아가씨가 제수씨가 될 수도 있겠구나 싶었다. 하지만 내 생각은 완전히 빗나갔다. 그 아가씨는 이미지 그대로 학업에 열중하는 이미지라 연애는 안 하고 싶다는 말과 함께 매몰차게 동생을 거절했다. 그렇게 승열이의 중학교 시절이 끝나고 올해 나는 고3, 동생은 고1이 되었다. 참 시간이 빠르면서도 진짜 안 가는 것 같았다.

  동생 녀석이 변해가는 동안 나도 엄청난 변화를 겪었다. 고교를 부산기공으로 가게 되었고 어느덧 기숙생활 3년차에다 무려 삼성전자에 합격하는 일이 일어났고 내 주변은 발칵 뒤집혔다. 그렇게 내 주변이 바뀌는 동안에도 나에게 한결같이 대하는 동생은 결과가 잘못되었다고, 내가 들어간 건 순전히 운이라고 귀여운 농담을 던지곤 한다. 그런 동생한테 첫 월급으로 용돈 준다니까 당당히 부모님보다 많은 액수를 요구하는 뻔뻔함과 능글스러움까지 장착한 녀석이었다. 올해 고1이 된 동생 이야기를 들어보니 일부러 공부를 안 한다고 했다. 두 귀를 의심했고 왜 안 하냐고 하니까 전교 69등까지 상반에 수업하는데 다른 건물에서 공부하기 싫다는 대답을 들으며 설마설마 했다. 근데 그 설마가 진짜였다. 다른 좋아하는 여자애가 생겼다면서 히죽히죽거리는 동생이었다. 그 애랑 같이 있고 싶어서 학교 시험은 잘 쳐도 모의고사를 일부러 망쳐서 71등으로 아슬아슬하게 타 반에 남아있는 승열이를 보면서 저게 진짜 욜로가 아닌가 하는 생각이 들었다.

  이모가 한 번은 용하다는 무당을 찾아가셨는데 열심히 하는 나를 보며 동생이 심히 걱정이 되어서 사촌들 말고 동생 점도 보셨다고 한다. 그런데 그 무당이 "쟤는 그냥 가만히 놔두면 지가 알아서 뭐든 한다. 그러니까 걱정할 필요가 없다."라고 했다. 그 이야기를 엄마로부터 전해들은 나는 한바탕 크게 웃었다. 어쩌면 나 때문이었던 엄마의 방목식 교육이 제대로 먹히는가를 볼 수도 있겠구나 싶어서 재밌겠다는 생각을 하는 나였다.

물론 나에게 잔소리도 많이 하고 싸워서 나의 화를 돋구기도 하지만 그만큼 생각도 잘 맞고 특유의 바보같은 매력으로 나뿐만 아니라 주변 사람들의 기분까지 좋아지게 만드는 승열이다. 난 이 바보같은 순정파를 보면서 진짜 무당 말대로 알아서 제 갈길 가고 잘 먹고 잘 사는 그런 걱정할 필요 없는 그런 동생이 되기를 기대 혹은 응원하려고 한다. 승열아 항상 널 응원하는데 나 주말에 낮잠 자는데 고성방가만 안 해주면 진짜 고맙겠다. 마지막으로 우리 오래오래 잘 지내보자!!!

동현산업기계(공구)

대표이사 김의현 (8회)

주 소 창원시 성산구 성산동 77-번지
(성산구완암로50)
(SK테크노파크 넥스동 B101호)
전 화 055) 298-9244
팩 스 055) 298-0503
Mobile 010-3572-1286

제품(사업)분야
· 대형 중고기계 매입·판매 (CNC, MCT 범용장비)
· 중고 공구 매입·판매 (폐초경/폐하이스 엔드빌 고가로 매입)

명진산업

대표이사 **박 이 환** (9회)

전　화　055) 346-7150
팩　스　055) 345-7155
Mobile　010-3886-0367

홍보담당 **최 창 일** (9회)

Mobile　010-7576-9970
주　소　김해시 한림면 가산리 211-1번지

제품(사업)분야

· 판넬에어컨

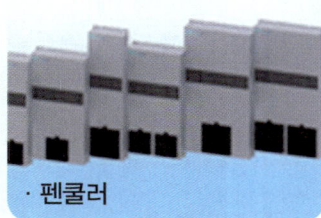

· 펜쿨러

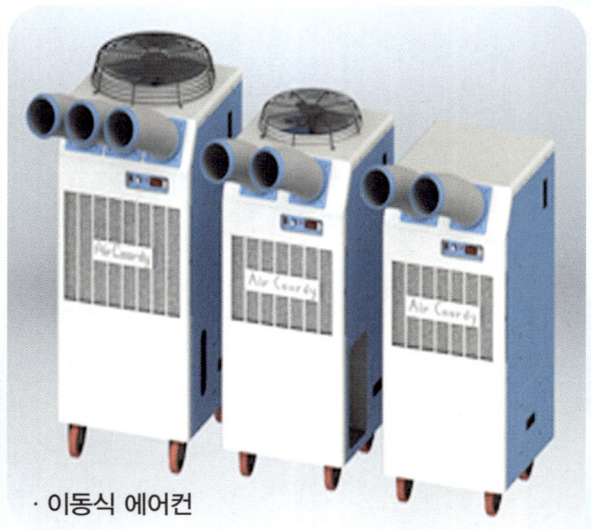

· 이동식 에어컨